特大断面城市公路隧道支护结构力学特性和施工方法优化研究

彭雪峰　苏燕中　杨征世　邢小宇／著

西南交通大学出版社
·成　都·

图书在版编目（CIP）数据

特大断面城市公路隧道支护结构力学特性和施工方法优化研究 / 彭雪峰等著. -- 成都：西南交通大学出版社，2024. 12. -- ISBN 978-7-5774-0317-5

Ⅰ. U459.2

中国国家版本馆 CIP 数据核字第 202400GJ54 号

Teda Duanmian Chengshi Gonglu Suidao Zhihu Jiegou Lixue Texing he Shigong Fangfa Youhua Yanjiu

特大断面城市公路隧道支护结构力学特性和施工方法优化研究

彭雪峰　苏燕中　杨征世　邢小宇　著

策 划 编 辑	韩　林
责 任 编 辑	杨　勇
封 面 设 计	GT 工作室
出 版 发 行	西南交通大学出版社 （四川省成都市金牛区二环路北一段 111 号 西南交通大学创新大厦 21 楼）
营销部电话	028-87600564　028-87600533
邮 政 编 码	610031
网　　　址	https://www.xnjdcbs.com
印　　　刷	成都蜀通印务有限责任公司
成 品 尺 寸	170 mm × 230 mm
印　　　张	9.5
字　　　数	153 千
版　　　次	2024 年 12 月第 1 版
印　　　次	2024 年 12 月第 1 次
书　　　号	ISBN 978-7-5774-0317-5
定　　　价	56.00 元

随着中国经济的迅猛发展，基础设施建设规模不断扩大，公路交通作为其中的重要组成部分，其修建规模也随之不断增加。根据2021年的统计数据，中国公路总里程预计达到约520万千米，其中公路隧道的应用也日益广泛。尤其是在城市中心区域，特大断面城市公路隧道的修建逐渐成为解决交通压力、优化城市布局的重要手段。然而，这类隧道的建设涉及诸多技术难题和挑战，亟需通过科学研究和技术创新加以解决。中国城市化进程的加快，使得城市交通问题日益突出。特大断面城市公路隧道因其大通量、低干扰的优势，成为缓解交通压力的有效途径。这些隧道的建设不仅需要克服复杂的地质条件和施工环境，还要满足严格的安全和环保要求。因此，对特大断面城市公路隧道的研究具有重要的理论意义和实际价值。火凤山隧道作为一个典型的特大断面城市公路隧道工程，其设计和施工过程中面临着诸多挑战。例如，如何确保隧道支护结构的稳定性、如何有效控制施工过程中的变形、如何优化施工工艺以提高施工效率和安全性等问题，都是工程技术人员亟需解决的关键问题。本书通过对火凤山隧道的深入研究，总结和归纳特大断面城市公路隧道建设中的经验和教训，为类似工程提供参考和借鉴。

本书围绕特大断面城市公路隧道支护结构力学特性和施工方法优化展开详细研究。以火凤山隧道工程为实际背景，通过现场监测、模型试验、数值模拟等多种研究手段，系统分析特大断面隧道支护结构的力学特性，探讨优化施工方法和技术措施，为实际工程提供科学依据和指导。此外，随着科技的进步，隧道建设技术也在不断发展。本书不仅探讨了当前的技术手段和方法，还提出了一些新的思路和方案，如新型支护材料的应用、智能监测技术的引入等。这些新技术的应用，不仅可以提高隧道施工的安全性和可靠性，还可以显著提升施工效率，降低工程成本。

限于作者水平，书中疏漏之处在所难免，恳请读者批评指正。

著　者

2024年4月

目 录

第3章 特大断面城市公路隧道变截面段支护结构力学特性研究

第4章 特大断面城市公路隧道加宽段和变截面段施工方法优化研究

第1章 绪 论

1.1 问题的提出

随着中国经济的飞速发展，公路交通等基础设施的修建规模不断增大，公路的总里程也逐年稳步提升，2021年时预计公路总里程约为520万千米，公路隧道也得到了广泛的应用。随着国家对基础交通建设投入的加大、施工人员素质的提高以及施工技术的日益完善，公路隧道的修建规模也越来越大，开挖断面面积较早期隧道有明显增加，断面形式越来越复杂，而对于修建在城市中心区域的隧道而言，为减少隧道开挖对周围环境的影响，其施工要求也越来越高，重庆市火凤山隧道便是其中的典型代表。

重庆市位于我国西南山区，丘陵、山地较多，坡地面积较大，素有"山城"之称。随着重庆市的经济发展，市区常住人口逐年增加，为缓解人们交通出行的压力，曾家岩北延伸通道于2018年投入建设，项目整体计划在2022年年底竣工投用。建成后的通道与曾家岩嘉陵江大桥相连，在两江新区构建成一条快速通道，进一步完善了重庆市区的综合交通体系，对重庆地区的发展具有重要意义。其中，火凤山隧道位于重庆曾家岩北延伸段项目二标段处，为满足设计要求，主线隧道经多次加宽与分岔段汇合，其中最大开挖断面跨度超过30 m，开挖断面面积达到了440 m²，最小的开挖断面面积为151 m²。根据表1-1与表1-2中国际隧道协会及日本隧道协会对大断面的判断标准，火凤山隧道属特大断面隧道。除隧道断面大之外，火凤山隧道还具有断面形式复杂的特点，同时，火凤山隧道位于城市中心区域，属城市公路隧道，下穿城市建筑群，邻近居民楼施工，为隧道重点控制风险源，在施工过程中隧道变形需进行严格控制。

表 1-1　国际隧道协会对大断面的判断标准

断面划分	净空断面面积 /m^2
超小断面	<3.0
小断面	3.0 ~ 10.0
中等断面	>10.0 ~ 50.0
大断面	>50.0 ~ 100.0
超大断面	>100.0

表 1-2　日本隧道协会断面划分标准

隧道分类	开挖断面面积 /m^2	说明
标准断面隧道	70 ~ 80	双车道
大断面隧道	100 ~ 140	有人行道的双车道
超大断面隧道	>140	三车道及以上

目前，我国在特大断面隧道的设计施工方面积累了一定的经验，在相关研究中取得了一定成果，但现阶段研究的隧道断面面积一般不超过400 m^2，400 m^2以上隧道设计施工案例相对较少，还有待进一步研究。而针对特大断面变截面隧道的相关成果较有限，对于特大断面变截面段隧道的支护结构力学特性尚不明确，缺少截面变化对隧道支护结构影响的相关研究。

鉴于现阶段针对特大断面及变截面隧道的研究现状，以及隧道修建过程中存在的诸多问题，本书针对火凤山隧道工程实际，开展特大断面城市公路隧道支护结构力学特性研究，并根据隧道断面形状分为不同的加宽段与变截面段，采用不同的研究方法对隧道支护结构及建筑沉降进行讨论分析，并探究适宜的施工方法。其成果不仅可为实际工程的施工建设提供依据与指导，还可为今后类似工程的设计施工提供参考。

1.2　国内外研究现状

1.2.1　特大断面隧道衬砌结构受力特性和开挖工法研究现状

目前，国内在大断面隧道修建技术上已积累了一定经验，20世纪80年代前，我国修建了很多大断面铁路隧道，比如松树坡车站隧道、柳林河隧道、文贩隧道等，其断面面积都在170 m²以上。80年代后，随着施工设计技术水平的提高以及各地对交通建设的投入加大，近年来开挖跨度在20 m以上的隧道逐年增多，表1-3汇总了部分不同类型的特大断面隧道以及类似的大断面地下工程。

表 1-3　特大断面隧道及相关工程调研

类型	工程名称	开挖跨度 /m	开挖高度 /m	开挖面积 /m²	施工工法
大断面公路隧道	福建平潭牛寨山隧道	21.10	14.80	312	双侧壁导坑法
	济南港沟隧道	20.00	13.60	272	台阶法 / 双侧壁导坑法
	济南龙鼎隧道	20.80	13.60	282	台阶法 / 双侧壁导坑法 / CRD 法
	广州龙头山隧道	20.70	13.58		双侧壁导坑法
	龙头山隧道	21.40	13.65		双侧壁导坑法
	前欧隧道	22.04	14.68		CRD 法
特大断面分岔公路隧道	长沙营盘路湘江隧道	25.30	16.20	492	双侧壁导坑法
	厦门疏港通道分岔隧道	30.40	16.20	492	双侧壁导坑法
	西康线隧道	20.22	15.80	257	CD 法及 CRD 法
车站	布拉格地铁车站	20.35	13.75	220	分层导洞开挖
	红旗河沟地铁车站	23.75	32.32	699	上下双侧壁导坑法
水电站	金桥水电站	35.40	20.00	708	分层导洞开挖
	杨房沟水电站	75.50	30.00	2 265	分层导洞开挖
	乌东德左岸地下水电站	35.00	18.80	658	分层导洞开挖

与一般隧道相比，特大断面隧道在开挖后支护结构将承受更大的围岩压力，因而隧道开挖后产生的围岩应力场与位移场也更加复杂，支护结构力学特性以及变形规律也与一般隧道有所不同。另一方面，由于隧道断面形状的变化，变截面处支护结构可能存在明显的应力集中、不均匀变形等现象，进一步增加特大断面变截面隧道支护结构力学行为的复杂性。

在针对特大断面隧道支护结构的研究方面，薛慎骁采用现场监测、数值模拟以及理论计算的方式，对开挖面积为169 m²的马鞍山隧道的支护结构体系进行了研究。研究结果表明，特大断面隧道拱腰至边墙附近的围岩应力较大，存在应力集中现象，且二次衬砌的内部压应力较初期支护而言较小，说明初期支护承担了大部分荷载。旷文涛研究超前预加固大断面隧道围岩稳定性影响因素、各因素对围岩稳定性影响大小及因素参数敏感性，并得出拱顶变形影响因素序列从大到小依次为围岩级别、工法、掌子面超前预加固、棚式支护、开挖进尺。戴锦程通过对深圳地铁10号线凉帽山车辆段出入线大断面的数值计算，临时支护与初期支护的受力状态。还有学者采用现场监测与模型试验等方法对特大断面支护结构进行了分析。

也有学者针对隧道截面突变处的支护结构的变形及受力进行了探究。谈新洋采用数值模拟和现场监测的方法，分析了隧道开挖以及支护方式对隧道稳定性的影响，得出了变截面地铁隧道在开挖过程中支护结构变形、应力规律，并推荐在活动地层带中推广变截面隧道的应用。何琼以深溪沟水电站为依托工程，首先进行了围岩初始应力场及锚杆作用规律探讨，建立了变截面交岔隧道的三维有限元计算模型，利用有限元软件数值计算了变截面交岔隧道分别处于不同围岩几倍下，采用两种不同的开挖方式进行施工时，隧道围岩及支护衬砌结构的应力场、位移场及塑性区分布特征。龙秀堂等采用现场监测的方法依托成兰铁路杨家坪隧道，采用现场监测的方法针对大跨度变截面隧道下的围岩位移、围岩压力、钢架内力等进行了研究，监测结果表明截面突变处存在一定程度的偏压。还有学者对变截面隧道在施工过程中支护结构的力学行为进行了相关研究，其研究方法与研究成果也有一定参考价值。

根据表中的工程调研结果可以发现，特大断面地下工程的施工方法多以双侧壁导坑法、CRD法以及分层导坑等开挖方法为主，目的是通过分部开挖减少单次开挖对围岩的扰动，并及时封闭以控制围岩变形。关宝树曾将扁平、大断面隧道的力学问题归结为以下几点：（1）开挖后应力重分布变得不利；（2）底脚处应力集中过大，要求较大的地基承载力；（3）拱顶不稳定；（4）较大的松弛地压；（5）支护结构的承载力相对较小。现阶段，关于特大断面隧道开挖工艺和工法的研究主要围绕数值模拟、模型试验和现场监测等方法进行，并取得了丰富的研究成果。

龚建伍、夏才初等结合福州国际机场高速公路鹤上大断面小净距隧道工程实际，应用有限元分析程序对隧道施工方案进行优化分析。模拟了双侧壁导坑法、单侧壁法和台阶法三种不同施工方案，对拱顶下沉、中间岩柱应力、地表沉降、围岩稳定性等进行比较，并结合围岩实际情况，在出口 V 级围岩段，改双侧壁导坑法为单侧壁法，顺利完成了施工，对降低施工成本、加快施工进度均起到了较好的作用。黄伦海等通过模型试验研究了单洞四车道公路隧道在不同围岩条件下采用不同开挖方式施工时周边围岩的变形，指出了不同围岩条件下施工建议采用的施工方式和措施。万明富等结合沈大高速公路改扩建工程金州单洞四车道公路隧道施工现场监测，对大跨度隧道开挖岩体变形的规律进行了探讨，揭示了大跨度隧道开挖后围岩失稳的原因，阐明了锚喷网支护对于改善围岩受力状况、提高围岩自身承载力的本质。刘鹏依托大沙湾隧道F3断层破碎带，利用FLAC3D数值模拟软件开展特大断面隧道支护方法优化研究。分析三台阶七步开挖法的隧道围岩变形情况，在此基础上提出优化方案，现场进行监控量测验证优化方法的可行性。任仕国利用有限差分程序FLAC3D模拟特大断面新白石岩隧道5种施工工法，对比分析隧道在各工况下的变形响应和适应性，建议优先选择交叉中隔墙法（CRD），双侧壁导坑法次之。此外，国内外众多学者还依托各自工程项目特点针对特大断面隧道开展了研究，也具有一定的参考价值与借鉴意义。

1.2.2 变截面隧道衬砌结构受力特性和开挖工法研究现状

为满足交通运输需求，隧道主线需与连接线隧道相连，一方面，在连接前主线隧道需经多次加宽，组成了变截面隧道；另一方面，变截面隧道是隧道抗断设计的一种有效手段，为减少断层活动对隧道的影响，隧道在穿断层时适当扩挖隧道断面尺寸、改变隧道截面，该方法是最有效的抗断防护对策。相比于一般隧道而言，变截面隧道施工更为烦琐、支护结构受力状态更加复杂，但变截面隧道也有着其自身优势，并被应用于特殊隧道的设计施工中。

田古生依托深圳轨道交通7号线对软岩公路隧道采用不同施工工序进行了对比分析，主要研究了施工工序对地表沉降、围岩应力、拱顶沉降、塑性区等方面的影响。研究表明，不同施工工序对围岩应力的影响相对较小，但对中岩柱的应力影响较大。洪军以赣龙铁路新考塘隧道为工程依托，对全风化花岗岩富水地层中三线渐变段特大跨度浅埋隧道的结构形式及施工工法设计进行了详细研究。于勇为保证营盘路湘江隧道水下浅埋大跨断面的施工安全，在存在多个不同大小断面过渡的大跨段开挖过程中，提出变截面采用分步过渡和反向扩挖技术，通过上挑和拓宽的办法实现了断面的转换，解决了小断面向大断面过渡稳定性差、易坍塌等问题。练志勇针对广州地铁六号线的站前停车线并行双线突变大断面地铁隧道采用矿山法施工，用FLAC³ᴰ程序对四种不同的施工工况进行了三维数值模拟，得出施工引起的土体中的位移场及地层下沉情况，分析结果可用于指导施工。

分岔隧道属于特殊结构的隧道，主要为解决线路布置以及桥隧或隧隧衔接等方面的难题，集成了分离式隧道、小净距隧道、连拱隧道等各类隧道的特点，结构极其复杂，而且频繁的工序转换给施工带来了一定的难度。如何确保分岔式隧道的快速施工和安全，是分岔隧道建设的关键。

张富鹏等以在建的阳安二线直通线道工包湾村隧程为依托，针对分岔隧道工程中较为少见的反向扩挖法和传统中隔墙法进行三维数值模拟，从结构应力、位移和塑性区范围三方面，对大跨段、连拱段、小净距段及中墙进行对比研究。结果表明：相比中隔墙法，反向扩挖法更优，能保证隧道施工安全；隧道分岔段为工程薄弱部位，且存在左右线施工相互影响和偏压问题，应引起重视并采取措施。通过随后的现场监测，证明数值模拟结果可以指导施工，表明反向扩挖法用于分岔隧道施工是可行的，值得推广。胡云鹏以杭州紫之隧道工程为依托，针对西线大跨段主隧道与匝道小净距交汇处隧道工程，对小净距隧道和大跨度隧道的安全施工技术进行了研究；针对主隧道跨度大及匝道与主隧道超小净距特点，提出大跨度小净距分岔隧道双向施工技术，包括小截面隧道导洞施工、主隧道导洞扩挖、主隧道反向开挖至小净距隧道施工技术。闫自海等以杭州市紫之隧道的地下立交交叉口工程为依托，提出了一种小洞开大洞，然后再横向开挖，最后反向开挖的施工方法和施工工序。结合工程特点，采用有限元数值模拟和监控量测方法验证了该施工方法的合理性。结果表明：对隧道交叉口采用导洞爬坡反向施工方法可以保证分叉段施工安全，解决小洞往大洞方向开挖的难题。刘家澍以某分岔隧道为工程背景，采用FLAC3D有限差分软件对隧道施工过程进行了数值模拟，研究了分岔隧道施工过程中连拱段围岩及中隔墙的应力、位移分布和变化规律，在此基础上，对隧道施工方案进行了优化分析。研究结果表明：该隧道开挖过程关键工序为上台阶开挖，侧导坑开挖对围岩稳定性有较大影响，隧道采用中导洞台阶法直接开挖仍可以保障围岩稳定性，同类工程采用中导洞台阶法开挖是安全可行的。

1.3 本书内容

1.3.1 工程概况

本书以曾家岩北延伸段项目为背景，依托火凤山隧道的修建开展研究。曾家岩北延伸段项目位于重庆市两江新区，如图1-1所示，起始位置位于人兴路，终点位于曾家岩大桥项目，道路左线全长约5.32 km，右线全长约4.86 km。设计行车速度为50 km/h，双向六车道。根据项目功能需求，共设2处匝道和4处连接线，均采用单车道形式，设计速度为30 km/h。主线隧道分别在ZK3+303、

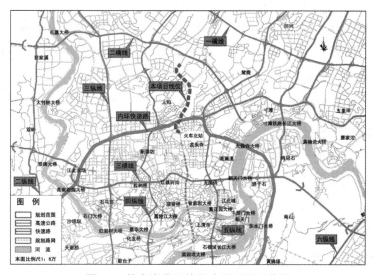

图1-1 曾家岩北延伸段建设项目区位图

YK2+977与两处连接线相连，共同构成分"Y"字形分岔隧道。

其中，火凤山隧道位于该项目二标段，设计为双线公路隧道，是该项目的主体工程。火凤山隧道位于城市中心地带，下穿城市密集建筑群，隧道主线为双向6车道，隧道主线的建筑限界宽度为13.25 m。为满足设计要求，隧道设计为分岔隧道，隧道主线在与连接线相交前隧道断面需经加宽段多次加宽，隧道跨度依次由标准加宽至17.45 m、20 m和25 m，隧道断面也随之加大，最大开挖断面面积超过400 m^2，净空断面面积为296.1 m^2。为便于描述，将加宽段分为两部分：加宽段与变截面段。又根据隧道开挖跨度进一步将加宽段分为标准段、17.45 m加宽段、20 m加宽段和25 m加宽段，将变截面段分为标准～17.45 m变截面段、17.45～20 m变截面段、20～25 m变截面段。隧道三维空间结构图如图1-2所示。

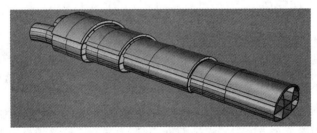

图1-2　火凤山隧道加宽段三维结构图

据工程地质测绘及钻探揭露，场区地表分布第四系全新统人工填土和残坡积（Q_4^{el+dl}）粉质黏土；出露基岩为侏罗系上统沙溪庙组（J_{2s}）泥岩和砂岩。根据地面地质测绘及钻探揭露，拟建场地地层由新至老分述如下。

1. 第四系全新统（Q_4）

1）第四系全新统人工填土（Q_4^{ml}）

素填土：杂色，松散—稍密，稍湿，主要成分为粉质黏土夹砂泥岩碎石，碎块石含量一般为10%～50%，粒径20～350 mm，为城市建设抛填形成，回填时间新近～5年不等，分布无规律。

2）第四系全新统残坡积（Q_4^{el+dl}）

粉质黏土：黄褐色，可塑，稍湿，刀切面稍有光泽，干强度中等，韧性中等，无摇震反应，主要分布于北侧火凤山公园原始斜坡地带，厚度小，变化大。

2. 侏罗系上统沙溪庙组（J_{2s}）

1）强风化泥岩

紫红色，矿物成分以黏土矿物为主，泥质结构，泥质胶结；质软，手掰易碎，岩芯呈块状。

2）中风化泥岩

紫红色，矿物成分以黏土矿物为主，局部含钙质结核，泥质结构，中厚层构造，泥质胶结；质软，岩芯较破碎；岩芯主要呈短柱状、块状、饼状，中等风化状态。

3）强风化砂岩

灰色，矿物成分以石英、长石为主，含黏土矿物，可见云母，细粒结构，钙质胶结；岩芯破碎，质软，手掰易碎。

4）中等风化砂岩

灰色，灰褐色，矿物成分以石英、长石为主，含黏土矿物，可见云母；细粒结构，中厚层构造，钙质胶结；较硬，岩芯较完整；岩芯主要呈柱状、短柱状。

根据区域地质资料以及现场地勘情况，火凤山隧道场地覆盖土层主要为第四系全新统人工填土、第四系全新统残坡积粉质黏土，下伏基岩为侏罗系中统沙溪庙组砂岩、泥岩。加宽段范围内隧道围岩分级划分多为Ⅴ级或Ⅳ级，施工现场掌子面围岩条件如图1-3所示。隧道围岩以砂岩、泥岩为主，中风化，节理裂隙较发育，岩体破碎多呈碎石状碎裂结构，岩体富水性弱。

图1-3 施工现场掌子面围岩条件

1.3.2 主要内容

本书以火凤山隧道为工程依托，针对特大断面城市公路隧道的支护结构力学特性研究，具体从围岩位移、围岩应力及支护结构内力等方面进行分析，并考虑隧道施工对地表建筑的影响。根据设计资料，由于火凤山隧道为双线隧道，为降低相互影响、避免中夹岩多次扰动，左右线的掌子面距离控制在2倍开挖跨度以上，同时为减轻后行洞开挖对先行洞的影响，先行洞二次衬砌超前后行洞掌子面不小于35 m，因而本书不考虑双线隧道施工的影响。

结合研究内容，本书选取火凤山隧道左线加宽段作为研究对象进行研究，同时为便于分析，将火凤山隧道加宽段分为加宽段和变截面段，如图1-4所示。本书具体研究内容如下：

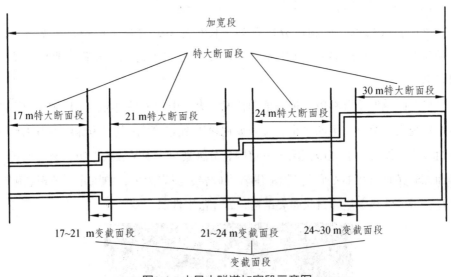

图1-4 火凤山隧道加宽段示意图

1. 特大断面城市公路隧道加宽段支护结构力学特性研究

在充分调研的基础上，结合火凤山隧道施工实际，分别对17 m加宽段、21 m加宽段、24 m加宽段、30 m加宽段，4种不同断面形状下隧道支护结构的力学特性进行研究。首先通过现场监测结果，明确特大断面隧道支护结构的力学特性及变形规律，并以现场监测为基础，开展室内模型试验作进一步研究，在现场监测和模型试验的基础上，采用数值模拟的方法分析不同断面形状的特大面段围岩位移、支护结构应力、围岩应力及塑性区分布规律，总结加宽段支护结构力学特性及变形规律，并分析隧道开挖对地表建筑的影响。

2. 特大断面城市公路隧道变截面段支护结构力学特性研究

在特大断面隧道研究的基础上，分析变截面段隧道支护结构力学特性及变形规律。基于现场监测结果，采用室内模型试验的方法模拟变截面段隧道的开挖过程，通过选取多个监测断面，分析截面变化对支护结构的影响。同时，采用数值模拟的方法对3处变截面段分别进行模拟，并综合加宽段的数值计算结果进行对比分析，总结截面变化对围岩位移、支护结构及塑性区等方面的影响，并分析变截面段隧道开挖对地表沉降的影响。

3. 特大断面城市公路隧道加宽段和变截面段施工方法优化研究

基于加宽段与变截面段隧道支护结构力学特性的研究结果，结合施工实际，采用数值模拟的方法探究不同施工工法、施工工序及开挖方法对隧道的影响。通过对比特大断面隧道常用的施工工法，比选出适宜加宽段的施工工法，并根据比选后的施工工法确定各加宽段合理的施工工序。由于原设计中变截面段施工方法较为烦琐，提出针对变截面段隧道的突变开挖方法，并对比分析突变开挖与原方案中渐变开挖的区别，针对不同变截面段提出适宜的开挖方法。

第2章 特大断面城市公路隧道加宽段支护结构力学特性研究

为探究加宽段隧道支护结构力学特性，本章分别对净宽为13.25 m加宽段（标准段）、17.45 m加宽段（加宽段）、20 m加宽段（加宽段）、25 m加宽段（最大加宽段）的4种不同断面形状开展了研究。根据现场施工进度与研究内容，首先分别针对隧道标准段、17.45 m加宽段、20 m加宽段和25 m加宽段开展了现场监测，为后续研究奠定基础，并在现场监测的基础上，采用模型试验的方法对其他断面形状开展研究，在现场监测与模型试验的基础上，通过数值模拟对隧道支护结构力学特性进行更加深入的研究，并考虑隧道施工对地表建筑的影响。

2.1 基于现场监测的特大断面城市公路隧道加宽段支护结构力学特性研究

现场监测是一种被广泛采用的研究方法，相比于其他研究方法，现场监测能够更加直观、真实地反映隧道施工过程中的动态信息，常见的监测内容包括围岩位移、围岩压力、支护结构内部应力、混凝土应力等，对保障隧道正常施工、判断支护结构的安全性具有重要意义。同时，相比于其他研究方法，现场监测的数据结果更贴近实际、能够真实反映围岩与隧道结构的应力状态和变形规律，为后续研究奠定基础和判断依据。且现阶段，针对开挖面积在400 m²以上的特大断面的现场监测结果较少，缺少可借鉴的实测数据，因而现场监测是有必要的，本书通过选取4处不同断面大小的典型监测断面，针对火凤山特大断面隧道开展监测。

2.1.1 资料收集与现场调研

由于火凤山隧道断面形式复杂、开挖断面大，开挖难度大，且受施工进度、施工工期、人员装备等因素的影响，拟订的施工方案多次变更，最终拟订的各断面的开挖工法及支护参数如表2-1所示。

表 2-1　加宽段开挖工法及支护参数

断面形状	开挖工法	初期支护		临时支护		C35 钢筋混凝土二次衬砌厚度
		钢支撑型号及间距	C25 喷射混凝土厚度	钢支撑型号及间距	C25 喷射混凝土厚度	
标准段	双侧壁法	HW200×200@60 cm	26 cm	I18@60 cm	20 cm	80 cm
17.45 m 加宽段	CD 法	I25b@60 cm	31 cm	I22b@60 cm	28 cm	85 cm
20 m 加宽段	双侧壁法	I25b@60 cm	32 cm	I22b@60 cm	28 cm	95 cm
25 m 加宽段	双侧壁法	HW250×250@60 cm	35 cm	I22b@60 cm	28 cm	120 cm

各工法的开挖顺序如图2-1所示，图中所示的序号为实际各导坑的开挖顺序，红色框架为钢拱架。虽然4种断面开挖工法各不相同，但整体的施工阶段大致相同，可分为：导坑开挖、初期支护与临时支护施作、临时支护拆除、二次衬砌浇筑。在导坑开挖过程中，各导坑间错距保持在5～15 m，导坑开挖后，初期支护及时跟进并封闭。二衬紧跟初期支护，采用6 m短台车施作。现场实际施工图如图2-2所示。

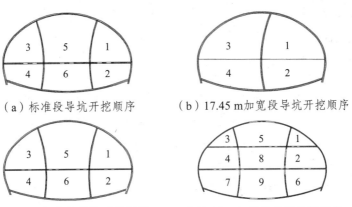

（a）标准段导坑开挖顺序　　　　　（b）17.45 m加宽段导坑开挖顺序

（c）20 m加宽段导坑开挖顺序　　　（d）25 m加宽段导坑开挖顺序

图2-1　各断面导坑的开挖顺序

（a）标准段双侧壁导坑法施工图

（b）17.45 m加宽段CD法施工图

（c）20 m/25 m加宽段双侧壁施工图

图2-2　现场实际施工图

2.1.2　监测断面的选择

在选择监测断面时，首先应根据隧道结构特点和地层条件进行选择，并结合具体施工实际对测点进行优化，从而确定监测重点和监测内容。针对火凤山隧道断面大、断面形式复杂多变的特点，选取不同的隧道断面形状进行监测，受现场施工进度以及施工机械的影响，选取标准段、17.45 m加宽段、20 m加宽段和25 m加宽段四种不同隧道断面形状进行了监测。监测断面位置及断面相关信息如图2-3和表2-2所示。

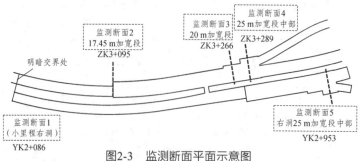

图2-3　监测断面平面示意图

表 2-2　现场监测断面

断面编号	地层条件	断面名称	里程	开挖跨度 /m	高度 /m	开挖面积 /m²	埋深 /m
1	Ⅳ级围岩	标准段	YK2+086	16.80	11.36	151	41.40
2	Ⅳ级围岩	17.45 m 加宽段	ZK3+095	21.05	12.68	222	38.08
3	Ⅳ级围岩	20 m 加宽段	ZK3+266	24.00	14.50	278	36.05
4	Ⅳ级围岩	25 m 加宽段	ZK3+289	30.00	17.62	432	31.83
5	Ⅳ级围岩	25 m 加宽段	YK2+953	30.00	17.62	432	31.83

其中：断面1位于小里程右洞，属于主线隧道标准断面大小；断面2位于大里程左洞17.45 m加宽段；断面3位于大里程左洞20 m加宽段；断面4位于大里程左洞25 m加宽段；断面5位于大里程右洞25 m加宽段。

2.1.3　监测项目与监测过程

在对火凤山隧道现场调研的基础上，结合现场施工实际，针对研究内容选取拱顶沉降、洞周收敛作为隧道变形的监测项目，并选取围岩压力、钢拱架应力和二衬混凝土应力作为支护结构内力的监测项目。其中，隧道变形监测为施工现场必测项目，通过施工单位提供的监测月报和监测周报对位移数据进行收集、整理，支护结构内力通过元器件安装进行监测。监测项目详细内容与监测过程如下所述。

1. 隧道变形监测

通过对隧道拱顶沉降监测、周边位移监测等信息，可以准确掌握隧道围岩变形和支护结构受力状态，评价施工方法的可行性和设计参数的合理性，为隧道施工过程中的支护参数和施工方法的优化提供有力的支撑，从而保证火凤山隧道施工的安全和顺利进行。同时，结合火凤山隧道的施工实际，根据各断面形状采用的施工工法布置不同的监测测点，以单侧壁导坑法和双侧壁导坑法为例，断面测点布置如图2-4所示，现场实际测点如图2-5所示。

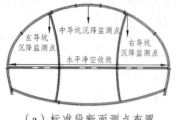

（a）标准段断面测点布置 （b）17.45 m加宽段断面测点布置

图2-4 断面测点布置图

图2-5 隧道变形测点布置

为判断隧道是否处于安全状态，结合设计资料和施工方提供的资料，并参照《公路隧道设计规范》确定各监测断面拱顶下沉、净空收敛监测允许值如表2-3所示。

表 2-3 各断面隧道变形允许值

隧道断面	监测项目	允许值 / mm	位移平均速率允许值 / （mm/d）	位移单日速率允许值 / （mm/d）
标准段	拱顶沉降	11.93	2.00	5.00
	水平收敛	17.64	1.00	3.00

续表

隧道断面	监测项目	允许值 / mm	位移平均速率允许值 / （mm/d）	位移单日速率允许值 / （mm/d）
17.45 m 加宽段	拱顶沉降	13.32	2.00	5.00
	水平收敛	22.10	1.00	3.00
20 m 加宽段	拱顶沉降	15.23	2.00	5.00
	水平收敛	25.12	1.00	3.00
25 m 加宽段	拱顶沉降	18.92	2.00	5.00
	水平收敛	31.55	1.00	3.00

2. 围岩压力监测

为分析支护结构受力状态、判断支护结构的支护效果，需对支护结构所受的围岩荷载进行监测，从而分析特大断面隧道初期支护在实际施工过程中的承载情况，判断支护结构是否出现围岩压力集中、偏压等不均匀受力的情况，保证施工安全。结合施工情况，每个监测断面分别选取7个测点进行监测，分别为拱顶、左拱肩、右拱肩、左拱腰、右拱腰、左拱脚、右拱脚，各测点布置及土压力安装位置如图2-6和图2-7所示。采用的元器件为JM-190系列土压力盒，该型号的土压力盒直径为188 mm，厚度为37 mm，量程为0～2 MPa，该压力盒受力面通过传力轴可均匀传递荷载，从而减小点荷载的影响。土压力盒及现场实际安装过程如图2-8所示。

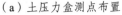
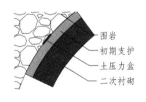

（a）土压力盒测点布置　　　　　　　（b）土压力盒安装位置

图2-6　初期支护土压力盒测点布置及安装位置

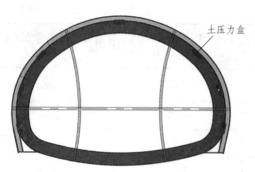
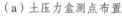
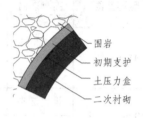

（a）土压力盒测点布置　　　　　　　（b）土压力盒安装位置

图2-7　二次衬砌土压力盒测点布置及安装位置

（a）土压力盒现场实际安装过程　　　　　　（b）JM-190土压力盒

图2-8　JM-190土压力盒及现场实际安装过程

3. 钢拱架应力测量

钢拱架作为初期支护的主要承载结构，通过对其内部应力监测可了解钢拱架和喷射混凝土对围岩的组合支护效果，分析实际施工过程中支护结构的内部应力状态，从而判断初期支护是否安全。根据实际施工情况，每个断面选取7个测点，测点名称与围岩压力相同，为便于分析钢拱架内部的轴力和弯矩，分别对钢拱架内外侧翼缘板的应力进行监测，各测点布置及元器件安装位置如图2-9所示。采用的元器件为JM-210型表面应变计，如图2-10所示，该元器件可测量出钢拱架的表面应变，进而可计算出该点的应力。

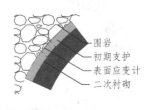

（a）表面应变计测点布置　　　　　　　（b）表面应变计安装位置

图2-9　钢拱架应力测点布置及安装位置

（a）表面应变计现场实际安装过程　　　　　（b）JM-210表面应变计

图2-10　JM-210表面应变计及现场实际安装过程

4. 二衬喷射混凝土应力监测

二衬结构对于隧道稳定性具有十分重要的影响，一般由钢筋网和喷射混凝土组合而成，现场由二衬台车施作成环。为分析隧道二衬受力特性，根据现场实际施工进度，参照初期支护监测，每个断面同样选取7个测点，使用混凝土应变计分别对混凝土内外侧进行监测，测点布置及元器件按照位置如图2-11所示。采用的元器件为JM-215系列埋入式应变计，在喷射混凝土灌浆之前安装，使用细扎丝和胶布固定于钢筋主筋之间。

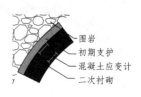

（a）混凝土应变计测点布置　　　　　　（b）混凝土应变计安装位置

（c）混凝土应变计现场实际安装过程　　　　　（d）JM-215混凝土应变计

图2-11　混凝土应变计测点布置及安装位置

2.1.4　监测结果分析

1. 小里程右洞标准段现场监测结果

1）初支围岩压力与钢拱架应力现场监测

根据隧道变形监测点的结果，绘制小里程右洞标准段隧道变形时程曲线如图2-12，断面稳定后的隧道变形结果如表2-4所示，表中所述的相同变形值是根据开挖断面尺寸计算而出，拱顶沉降相对变形值通过拱顶沉降与开挖高度作比得出，净空收敛变形值通过净空收敛与开挖跨度作比得出，如公式（2-1）所示：

$$\begin{cases} \varepsilon_{沉降} = \dfrac{d_{沉降}}{H} \\ \varepsilon_{收敛} = \dfrac{d_{收敛}}{B} \end{cases} \tag{2-1}$$

式（2-1）中：$\varepsilon_{沉降}$为拱顶沉降相对变形值；$d_{沉降}$为拱顶沉降值；H为开挖高度；$\varepsilon_{收敛}$为净空收敛相对变形值；$d_{收敛}$为净空收敛值；B为开挖跨度。

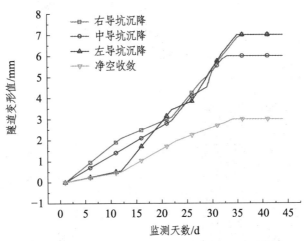

图2-12　小里程右洞主线隧道标准段变形时程曲线

表 2-4　小里程右洞主线隧道标准段监测点变形值

监测项目	变形值 /mm	最大变形速率 /（mm/d）	相对变形值 /%
左导坑沉降值	7.00	0.29	0.042
中导坑沉降值	6.00	0.29	0.036
右导坑沉降值	7.00	0.29	0.042
净空收敛值	3.00	0.14	0.018

从图中可以看出，小里程右洞隧道变形时间相对较长，增长速率较慢，最大变形速率为0.29 mm/d，参照变形允许值可知，该加宽段处于安全范围。并结合主线隧道标准段大断面段开挖跨度与开挖高度，计算出标准段水平相对变形值约为0.018%，竖向相对变形值约为0.042%，则竖向隧道变形相对更加明显，相差2~3倍。根据围岩压力监测结果绘制围岩压力时程曲线与围岩压力分布图，如图2-13所示。

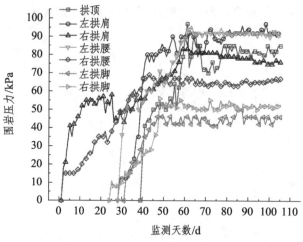

（a）主线隧道标准段围岩压力时程曲线

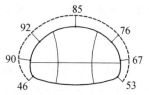

（b）主线隧道标准段围岩压力分布（单位：kPa）

图2-13　主线隧道标准段现场监测围岩压力

根据围岩压力时程曲线可以看出，围岩压力在断面开挖初期增长迅速，且不同监测点处的增长速率有所差异，拱肩与拱顶处的围岩压力增长速率相对较大，同时其他导洞开挖会影响已有导洞的应力分布状态。结合主线隧道标准段围岩压力分布图可以看出，主线隧道标准段隧道上部所受的围岩压力大于隧道下部所受的围岩压力，隧道所受围岩压力最大可达到92 kPa，位于左拱肩处。

图2-14为主线隧道标准段钢拱架应力时程曲线，为便于分析,规定图中压应力为正值、拉应力为负值。从中可以看出钢拱架应力受施工影响相对较大，且钢拱架外侧应力普遍大于内侧应力，最大压应力为64.67 MPa，位于左拱腰处。钢拱架内侧最大应力位于左拱肩内侧，为40.91 MPa，且在拱顶、拱脚内侧有少量拉

应力分布，但最大不超过5.35 MPa。整体而言，钢拱架整体受力较为安全。为更加直观分析主线隧道标准段钢拱架受力状态，根据钢拱架内外侧应力绘制钢拱架弯矩图与轴力图，如图2-15所示。

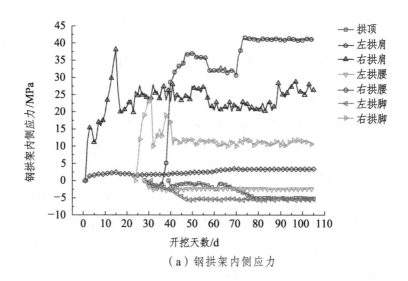

（a）钢拱架内侧应力

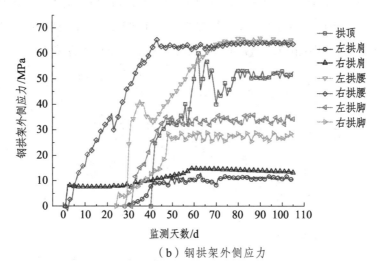

（b）钢拱架外侧应力

图2-14　主线隧道标准段现场监测钢拱架应力时程曲线

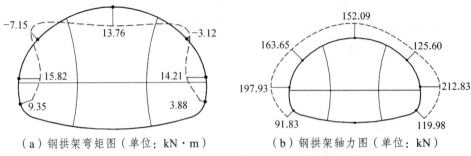

（a）钢拱架弯矩图（单位：kN·m）　　（b）钢拱架轴力图（单位：kN）

图2-15　主线隧道标准段现场监测钢拱架内力图

图中弯矩以钢拱架内侧受拉为正，轴力以压为正，主线隧道标准段钢拱架所受弯矩整体相对较小，最大值不超过15.82 kN·m，位于左拱腰处，同时拱肩处存在少量负弯矩，结合拱肩、拱腰、拱脚处弯矩的变化趋势，可以判断出主线隧道标准段在两侧拱脚附近有存在负弯矩的趋势。同时，钢拱架拱肩与拱腰处的轴力值较大，最大值位于右拱腰处，可达到213 kN，与前述钢拱架应力最大值出现的位置相同。则整体而言，主线隧道标准段钢拱架受力较为安全，两侧拱腰与拱肩处钢拱架内力相对较大。

2）初支与二衬接触压力和二衬应力现场监测

根据现场实测数据绘制小里程右洞主线隧道标准段初期支护与二次衬砌的接触压力不同监测日期的压力变化时程曲线图，如图2-16所示，曲线起点为现场开挖至监测断面并安装相应监测元器件。图中正值表示土压力盒受压。

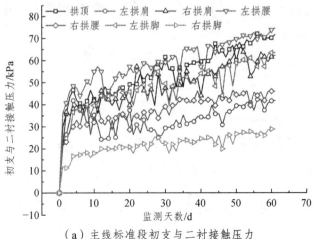

（a）主线标准段初支与二衬接触压力

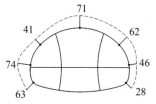

（b）接触压力分布（单位：kPa）

图2-16　小里程右洞隧道标准段初支与二衬接触压力现场监测

　　根据该断面的初支与二衬接触压力变化曲线可以看出，接触压力监测初期数值增长幅度较大，除右拱脚外，其余部位接触压力早期受力较大，为20～50 kPa之间。从曲线变化规律来看，隧道各部分接触压力随着监测天数呈波动增大趋势，数据较为稳定。从为期两个月的监测数据来看，接触压力仍处于缓慢增长趋势。从接触压力分布图可以看出，拱顶和左拱腰位置压力较大，分别为71 kPa和74 kPa，左拱肩和右拱脚压力监测值较小。

　　图2-17和图2-18为二衬混凝土内外侧应力监测曲线和计算得出的二衬弯矩与轴力分布图，图中应力值为负代表压应力，轴力为正代表结构受压。

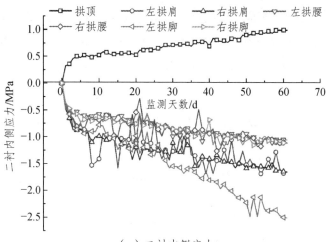

（a）二衬内侧应力

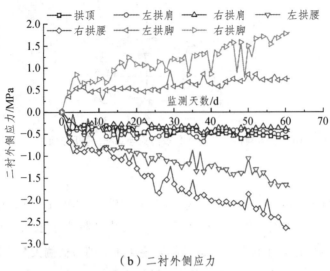

（b）二衬外侧应力

图2-17 小里程右洞隧道标准段二衬应力现场监测

从图2-17（a）二衬内侧应力曲线可以看出，该监测断面处拱顶外，二衬其余部位内侧均受压力作用，拱顶内侧应力增长稳定，应力值为1.0 MPa。从监测数据来看，左右拱肩内侧应力相近，分别为 - 1.65 MPa和 - 1.64 MPa，左右拱腰应力也相近，分别为 - 1.05 MPa和 - 1.11 MPa，左拱脚内侧应力值最大为 - 2.51 MPa。

从图（b）二衬外侧应力曲线可以看出，除左右拱脚外，其余部分二衬外侧应力均为负值，受压力作用，其中压应力最大为 - 2.66 MPa，位于右拱腰，左拱腰应力值为 - 1.71 MPa，其余部位应力均在 - 1.00 MPa以下。

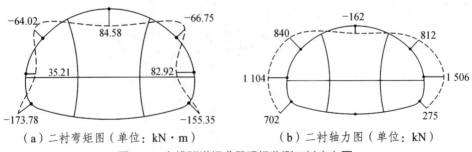

（a）二衬弯矩图（单位：kN·m）　　　（b）二衬轴力图（单位：kN）

图2-18 主线隧道标准段现场监测二衬内力图

从图二衬结构内力分布可以看出，该断面二衬弯矩分布规律与钢拱架弯矩分布相近，拱顶和拱腰受围岩压力的作用有向内侧变形的趋势，拱脚弯矩较大；从二衬轴力图可知，拱腰位置二衬轴力值最大，其中左拱腰二衬轴力为1 104 kN，右拱腰为1 506 kN，所有部位均满足安全验算。

2. 大里程左洞17.45 m加宽段现场监测结果分析

1）初支围岩压力与钢拱架应力现场监测

17.45 m加宽段隧道变形时程曲线如图2-19所示，表2-5为断面稳定后的隧道变形值。

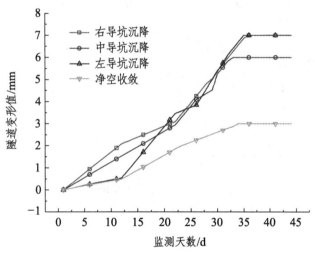

图2-19 17.45 m加宽段隧道变形时程曲线

表 2-5 17.45 m 加宽段监测点变形值

监测项目	变形值 /mm	最大变形速率 /（mm/d）	相对变形值 /%
左导坑沉降值	12.00	0.39	0.057
右导坑沉降值	11.00	0.39	0.052
净空收敛值	4.00	0.18	0.016

　　与主线隧道标准段类似，17.45 m加宽段隧道变形时间较长，且根据表中监测点变形值可知隧道变形处于安全范围。通过隧道变形值与开挖尺寸，计算出净空收敛相对变形值约为0.016%，竖向相对变形值约为0.057%，相差3～4倍，较17.45 m加宽段内有所增大。与标准大断面段相同，17.45 m加宽段竖向的位移较水平收敛更为明显。根据围岩压力监测结果绘制初期支护和围岩之间的压力时程曲线与围岩压力分布图，如图2-20所示。

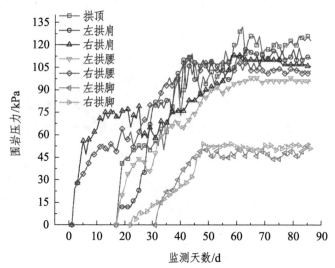

（a）17.45 m加宽段初支围岩压力时程曲线

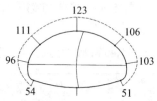

（b）17.45 m加宽段初支围岩压力分布（单位：kPa）

图2-20　17.45 m加宽段初支围岩压力现场监测

　　从图中可以看出，17.45 m加宽段的初支围岩压力整体分布较为均匀，与标准段相同，隧道上部所受的围岩压力较下部更大，以拱腰为界，上部围岩压力约为下部的2倍。拱顶处的围岩压力最大，可达到123 kPa，拱脚处的围岩压力相对较小，约为50 kPa。根据监测结果，绘制钢拱架应力时程曲线，如图2-21所示。

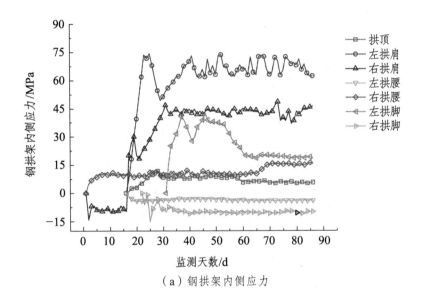

（a）钢拱架内侧应力

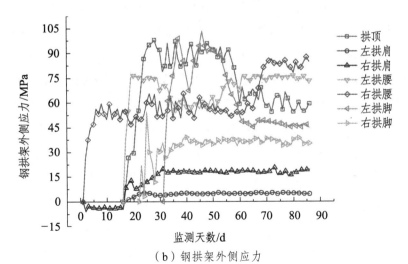

（b）钢拱架外侧应力

图2-21　17.45 m加宽段现场监测钢拱架应力时程曲线

与标准段相似，17.45 m加宽段钢拱架外侧应力普遍大于内侧应力，钢拱架外侧最大应力值位于右拱腰处，可达到84.87 MPa，高于标准段钢拱架的最大应力，同时钢拱架的整体应力数值较标准段也有所增加。钢拱架内侧应力也有少量拉应力，最大不超过15.68 MPa，则17.45 m钢拱架受力整体较为安全。为进一步分析钢拱架内力，提取其弯矩与轴力进行分析，如图2-22所示。

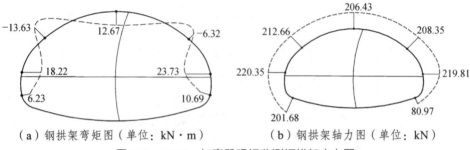

（a）钢拱架弯矩图（单位：kN·m）　　（b）钢拱架轴力图（单位：kN）

图2-22　17.45 m加宽段现场监测钢拱架内力图

由图可知17.45 m加宽段钢拱架所受弯矩最大值位于右拱腰处，约为23.73 kN·m。与标准段相似，17.45 m加宽段在左右拱肩处存在负弯矩，负弯矩值可达到13.63 kN·m；与标准段相同，17.45 m加宽段在拱脚处也有负弯矩出现的趋势。拱肩与拱腰处的轴力值相对较大，最大值位于左拱腰处，可达到313 kN。整体而言，17.45 m加宽段钢拱架在拱肩与拱腰处的内力值相对较大，与标准段相似。

根据标准段、17.45 m加宽段的现场监测结果可知，两种断面下的围岩位移未超过隧道变形允许值，整体较为安全。为进一步分析特大断面围岩位移的变化规律，分别计算各断面的竖向相对变形值与收敛相对变形值。通过对比发现，隧道竖向变形较净空收敛更为明显，标准段下二者一般相差2～3倍，而17.45 m加宽段一般相差3～4倍，较标准段的差异更为明显。

通过围岩压力分布可以看出，特大断面的围岩压力左右分布较为均匀，但两种隧道上部所受的围岩压力均大于隧洞下部所受的围岩压力。综合各监测点可知，围岩压力随隧道断面的增大而有所增加，17.45 m加宽段各监测点的围岩压力平均值约为标准段的1.27倍。

与围岩压力相似，17.45 m加宽段的钢拱架应力较标准段也有所增加，选取各监测点绝对值的平均值进行比较发现，17.45 m加宽段的钢拱架应力值约增加了34%。进一步计算弯矩与轴力发现，两种断面下钢拱架上部的轴力分布较大，与围岩压力相似，通过弯矩分布图发现，钢拱架整体以正弯矩为主，仅在两侧拱肩有少量负弯矩。与围岩压力相似，钢拱架内力随着隧道断面的增加而有所增大。

2）初支和二衬接触压力与二衬应力现场监测

提取大里程左洞17.45 m加宽段初期支护与二次衬砌间接触压力数据并绘制压力时程曲线图和分布图，如图2-23所示，二衬埋设元器件于同一天完成，监测日期起点相同，接触压力为正代表受压。

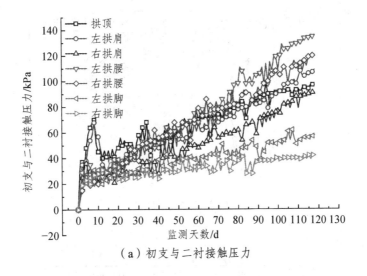

（a）初支与二衬接触压力

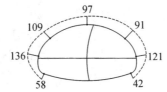

（b）接触压力分布（单位：kPa）

图2-23　17.45 m加宽段初支与二衬接触压力现场监测

从图（a）中可知，二衬施作完成后初期，拱顶和左拱肩位置接触压力增长迅速，经过应力场调整后有小范围下降，稳定后随着监测天数增加，各部位接触压力呈稳步上升趋势，左拱腰位置接触压力监测数据最大，压力值为136 kPa，其余位置压力大小各有不同。从图（b）接触压力分布图可以看出：隧道上部拱顶和拱腰位置接触压力监测值相近，大小为100 kPa左右；拱腰接触压力较大，为130 kPa左右，拱脚接触压力较小。

图2-24和图2-25为该监测断面二衬结构内外侧应力监测曲线图和计算所得内力分布图，其中应力为负代表受压，轴力为正代表受压，弯矩为正代表二衬内侧受拉。

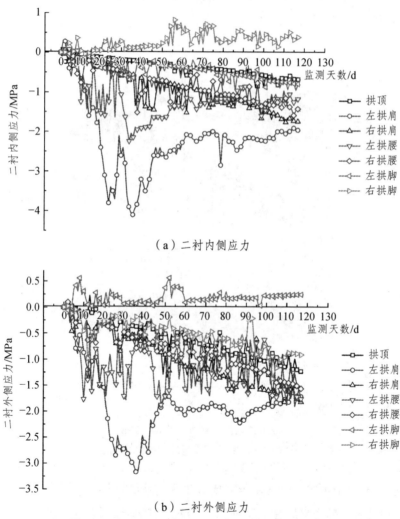

（a）二衬内侧应力

（b）二衬外侧应力

图2-24　17.45 m加宽段现场监测二衬应力时程曲线

从图2-24（a）二衬内侧应力变化曲线可以看出：该断面二衬施作完成后内侧除右拱脚外基本处于受压状态，且右拱脚内侧拉应力较小，为0.40 MPa左右；左拱肩内侧应力增长幅度最大，前30天应力变化明显，应力最大时为−4.0 MPa，稳定后应力为−2.0 MPa左右。

从图2-24（b）二衬外侧应力变化曲线可以看出，除左拱脚外，其余部位也均处于受压状态，左拱肩应力增长明显，先快速增长，小幅度下降后逐渐稳定为−1.7 MPa左右。

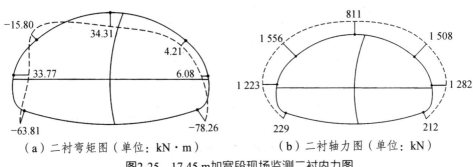

（a）二衬弯矩图（单位：kN·m）　　　（b）二衬轴力图（单位：kN）

图2-25　17.45 m加宽段现场监测二衬内力图

从17.45 m加宽段二衬弯矩分布图可以看出，受挤压作用，拱顶和拱腰位置受正弯矩作用，且弯矩分布不对称，右拱腰弯矩值较小，为6.08 kN·m，左右拱肩弯矩同样不对称；从二衬轴力分布图可知，该断面二衬结构轴力分布较为对称，拱肩和拱腰位置轴力值较大，为1 550 kN左右，在混凝土抗压承载力范围内，安全系数均满足安全验算要求。

3. 大里程左洞20 m加宽段现场监测结果分析

图2-26和图2-27为目前大里程左洞20 m加宽段现场围岩压力和钢拱架应力监测曲线图，受现场施工进度影响，监测元器件安装数量有限，故仅针对已有数据进行整理并分析。图中围岩压力受压为正，钢拱架应力受压为正。

从大里程左洞20 m加宽段左拱肩和左拱腰位置围岩压力曲线图可知，拱肩围岩压力较大，在开挖完成后初期能达到110 kPa，约为拱腰围岩压力的1.8倍左右。受掌子面机械化开挖影响，在监测前期数据波动较大，稳定后围岩压力随着监测天数稳定增长，当前左拱肩和左拱腰围岩压力监测值分别为124 kPa和90 kPa。

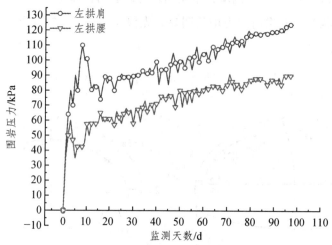

图2-26　20 m加宽段现场监测围岩压力时程曲线

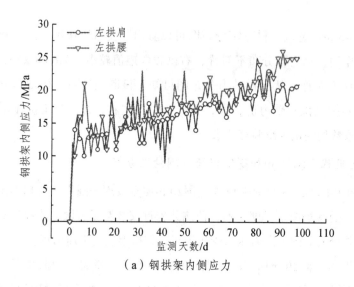

（a）钢拱架内侧应力

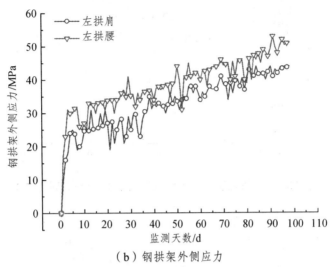

（b）钢拱架外侧应力

图2-27　20 m加宽段现场监测钢拱架应力时程曲线

从图钢拱架内、外侧应力曲线图可以看出，隧道左侧钢拱架安装后均处于受压状态，左拱腰内、外侧应力值约为拱肩的1.15倍，且钢拱架应力仍处于逐渐增大的趋势，钢拱架外侧应力普遍大于内侧应力，左拱腰和拱肩钢拱架外侧应力分别为51 MPa和44 MPa，计算安全系数较大，满足安全验算。

4. 大里程左洞25 m加宽段现场监测结果分析

提取大里程左洞25 m加宽段围岩压力和钢拱架应力监测数据并绘制曲线图，由于监测数量和监测日期有限，现将部分测点监测数据整理，如图2-28和图2-29所示。图中左拱肩和右拱腰监测器件埋深日期不同，右导坑为先行洞。

从图2-28可以看出，初期支护完成后围岩压力逐步上升，前10天为压力快速增长区间，两监测点安装日期相差30天左右，随着隧道不断掘进，该断面围岩压力波动上升。其中左拱肩围岩压力监测值为134 kPa，右拱腰围岩压力监测值为91 kPa，相比17.45 m和20 m加宽段，随着断面扩大，围岩压力也有相应增大。

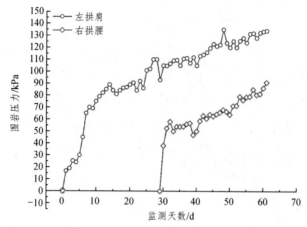

图2-28 大里程左洞25 m加宽段现场监测围岩压力时程曲线

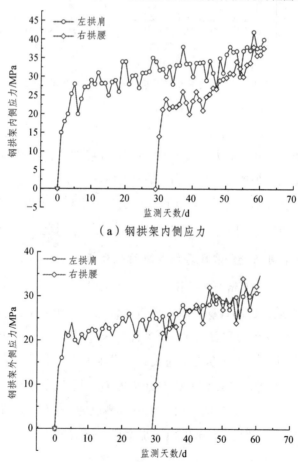

（a）钢拱架内侧应力

（b）钢拱架外侧应力

图2-29 大里程左洞25 m加宽段现场监测钢拱架应力时程曲线

从图为期60天左右的监测数据来看，左拱肩和右拱腰两侧钢拱架应力值相近，右拱腰位置钢拱架应力增长迅速且变化幅度也较大，受开挖影响较大。监测位置钢拱架均受压，内外侧应力数据相差较小，左拱肩内外侧应力分别为40 MPa和31 MPa，右拱腰内外侧应力分别为37 MPa和34 MPa。

5. 大里程右洞25 m加宽段现场监测结果分析

绘制大里程右洞25 m加宽段左拱肩围岩压力和钢拱架内外侧应力曲线，如图2-30和图2-31所示。受现场条件和施工安排影响，测点布置较少，监测天数也有限，监测元器件后期受损，现将数据整理如下。

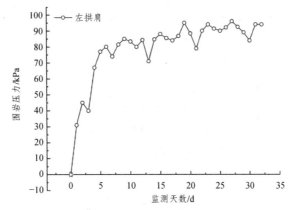

图2-30　大里程右洞25 m加宽段现场监测围岩压力时程曲线

从图可知，大里程右洞25 m加宽段左拱肩围岩压力监测最终数据为94 kPa，与开挖后相同日期大里程左洞围岩压力相近。

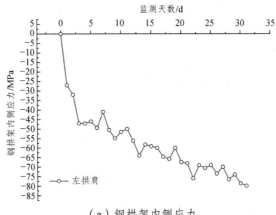

（a）钢拱架内侧应力

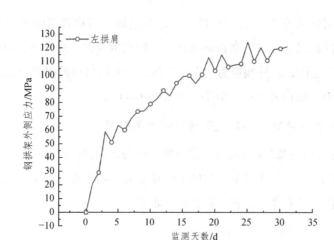

（b）钢拱架外侧应力

图2-31 大里程右洞25 m加宽段现场监测钢拱架应力时程曲线

从图钢拱架内外侧应力图可以看出，左拱肩钢拱架内侧受压，外侧受拉，说明该位置受力较差，弯矩较大，其中内侧应力值为79.88 MPa，外侧应力值为－120.75 MPa，计算所得弯矩为85.77 kN，轴力为186.84 kN整体受压，安全系数（3.1）大于2.0，满足验算要求。

2.2 基于模型试验的特大断面城市公路隧道加宽段支护结构力学特性研究

相比于现场监测，模型试验具有操作简便、数据可靠、经济合理等优点，因而被广泛应用。同时，由于火凤山隧道仍处于施工阶段，受施工进度的影响，无法对各监测断面形状全部进行监测，通过模型试验对不同工况下的隧道模拟开挖，可深入研究特大断面城市公路隧道支护结构力学特性及变形规律。本模型试验通过模拟不同断面形状下隧道开挖，监测开挖过程中支护结构内部应力及围岩变形等，研究特大断面城市公路支护结构力学特性及变形规律。

2.2.1 模型试验相似关系的确定与相似材料

结合施工实际以及已有的模型试验条件及设备，拟订几何相似比为50∶1、容重相似比1∶1，并以此为依据推导得出其他所需物理量的相似比关系，如表2-6所示，从而满足在弹性范围内各物理力学参数的相似关系。

表 2-6　试验所需物理量相似比关系

序号	物理量名称	物理量单位	相似比
1	几何	m	50∶1
2	容重	N/m³	1∶1
3	摩擦角	(°)	1∶1
4	泊松比	—	1∶1
5	黏聚力	Pa	50∶1
6	弹性模量	Pa	50∶1
7	应力	Pa	50∶1
8	应变	—	1∶1

2.2.2　试验装置与监测系统

本模型试验所需的主要系统与装置包括：模型箱、模型土、铜带、石膏、位移监测系统、应力应变监测系统。其中，模型土、铜带、石膏分别用于模拟围岩、钢拱架、喷射混凝土。

1. 模型箱设计

结合隧道原型以及已有的试验条件，本试验最终设计的模型箱长为2.2 m、宽为0.8 m、高为1.6 m，模型箱四周使用槽钢加固，如图2-32（a）所示。通过文献调研，为减小边界效应对模型试验的影响，在模型箱内壁铺设聚四氟乙烯板[81]，从而减小箱壁与模型土间的摩擦力，降低边界效应的影响，如图2-32（b）所示。

2. 模型土配置

现场实际施工的地层条件为Ⅳ级围岩，根据《公路隧道设计规范》Ⅳ级围岩中所规定的围岩物理力学参数为目标参数，原型参数与相似理论计算所得参数如表2-7所示。

（a）模型箱实物图　　　　　　　　（b）聚四氟乙烯板

图2-32　模型箱设计

表 2-7　模型土物理参数

项目	黏聚力 /kPa	摩擦角 /（°）
原型	420	31.52
模型土	8.40	31.52

根据资料调研，选定河砂、石英砂、机油、粉煤灰作为模型土制作的主要材料。并以现有的模型试验中土体材料为参考，拟订不同配比的模型土，采用ZJ-1A型应变控制式直剪仪测量各种模型土的物理力学参数。在初步确定模型土配比后，采用三轴试验的方法进一步测量模型土的材料参数，使得测量结果更具可靠性，图2-33为试验过程。最终确定模型土各材料的质量比为河砂：石英砂：机油：粉煤灰=4：4：1.4：0.4。

（a）直剪试验仪　　　　　　　　（b）部分剪切试样

（c）三轴试验仪　　　　　　　　（d）部分三轴试样

图2-33　配置模型土试验过程

3. 喷射混凝土相似材料配置

根据火凤山设计资料，实际施工过程中采用C25喷射混凝土作为初期支护的主要材料，通过文献调研C25喷射混凝土可采用石膏和水进行配置，水与石膏的质量配比为1∶1.06。

4. 钢拱架相似材料配置

根据参考文献，钢拱架可采用铜带进行模拟，并根据单位长度抗弯刚度以及相似关系确定模型中铜带的单位长度抗弯刚度，即满足公式（2-2）中的相似要求。

$$\frac{(EI/l)_{\mathrm{p}}}{(EI/l)_{\mathrm{m}}} = \frac{E_{\mathrm{p}}}{E_{\mathrm{m}}} \cdot \frac{l_{\mathrm{p}}^{3}}{l_{\mathrm{m}}^{3}} = 6.25 \times 10^{6} \tag{2-2}$$

式（2-2）中：下角标p为原型；下角标m为模型；E为钢拱架或铜带的弹性模量；I为钢拱架或铜带的弹性模量；l代表单位长度。

通过等效刚度确定铜带的惯性矩后，即可确定铜带的截面尺寸。本模型试验中所模拟的隧道断面在实际施工过程中采用的钢拱架型号有I22b、I25b、HW250×250三种，结合现有条件最终确定的铜带截面尺寸如表2-8所示。图2-34为本模型试验所采用的铜带和钢拱架。

表 2-8　钢拱架型号与铜带尺寸

钢拱架型号	类别	弹性模量 /GPa	惯性矩 /cm⁴	钢拱架间距 /cm	铜带尺寸：长 × 宽 /（mm × mm）
I25b	原型	210	5 280	60	—
	模型	105	6.76×10^{-5}	1.2	6 × 0.8
I22b	原型	210	3 570	60	—
	模型	105	4.57×10^{-5}	1.2	5 × 1.0
HW250 × 250	原型	210	8 573	60	—
	模型	105	1.10×10^{-4}	1.2	4 × 0.8

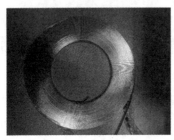
（a）铜带

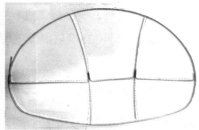
（b）钢拱架

图2-34　钢拱架模型材料

5. 位移监测系统

结合研究内容，本模型试验的位移监测系统主要对围岩位移进行监测。围岩位移监测装置由细铁管、铁片、丝线、百分表和磁力表座组成，如图2-35所示。铁片埋设于隧道周围的土体中，随着隧道开挖，洞周土体带动铁片发生位移，同时，铁片通过牵发丝线与百分表相连，为减小丝线与土体之间的摩擦，丝线通过预先埋设的细铁管引出，百分表通过磁力表座固定在模型箱上。隧道变形测点主要布置在拱顶与两侧拱腰，如图所示。为确保试验数据准确可靠，尽可能减少试验数据受环境的影响，共选取了3个监测断面进行监测，并综合3处监测断面的监测结果进行分析。

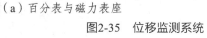
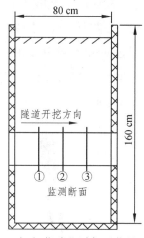

（a）百分表与磁力表座　　　　　　（b）位移监测断面位置

图2-35　位移监测系统

6. 应力应变监测系统

为分析开挖过程中支护结构内力变化，选取围岩压力与钢拱架应变为主要监测项目。围岩压力通过将微型土压力盒在开挖前预先埋设在指定位置进行监测，微型土压力盒实物如图2-36所示。与隧道变形监测相同，选取中间断面作为围岩压力的监测断面，每个监测断面选取8个监测点，分别为拱顶、左拱肩、右拱肩、左拱腰、右拱腰、左拱脚、右拱脚及仰拱。为增加试验数据的可靠性、减少周围环境的影响，同样选3个监测断面进行监测。各测点位置如图2-36所示。

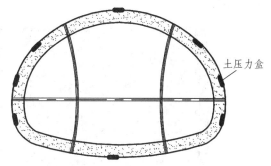

（a）微型土压力　　　　　　　　（b）围岩压力监测位置

图2-36　模型试验围岩压力监测

本试验通过监测开挖过程中钢拱架的应变，计算出支护结构的内部应力，从而达到动态监测隧道支护结构内部受力的目的。钢拱架应变通过应变片粘贴进行监测，通过502粘贴并使用硅橡胶对应变片进行保护，如图2-37所示。为分析钢拱架的弯矩、轴力，应变片分别粘贴在钢拱架内外侧，与现场监测的表面应变计安装方式相似。

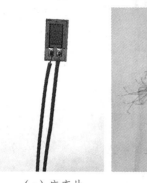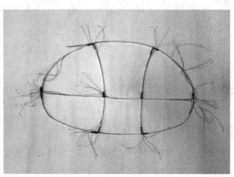

（a）应变片　　　　　　　（b）粘贴应变片后的钢拱架

图2-37　模型试验钢拱架应变监测

微型土压力盒以及应变片的数据均采用TST3826F静态应变测试系统采集，并采用计算机对应变采集仪进行控制。其中，应变片采用1/4桥的方式连接，并每十个通道共用一个温度补偿片，灵敏度设置为2。微型土压力盒采用全桥连接，无温度补偿，灵敏度根据微型土压力盒厂家给定的率定参数计算得出。采集频率随断面开挖而定，为保证试验数据的可靠性，每次采集时，采用连续采样，并选取稳定后的数据进行分析。TST3826F静态应变测试系统采集仪与控制电脑，如图2-38所示。

（a）TST3826F静态应变测试系统采集仪　　　　　（b）数据采集过程

图2-38　TST3826F静态应变测试系统采集仪与采集过程

2.2.3　模型试验工况与试验过程

本模型试验在西南交通大学教育部隧道工程重点试验室开展。由于标准段经相似比换算后开挖尺寸较小且采用双侧壁导坑法开挖，不便于模拟，针对研究内容拟订 3 种试验工况，分别用于模拟 17.45 m 加宽段、20 m 加宽段、25 m 加宽段隧道开挖，3 种试验工况如表2-9所示。

表 2-9　加宽段模型试验工况

工况	模拟断面	施工工法	开挖顺序
一	17.45 m 加宽段	CD 法	
二	20 m 加宽段	双侧壁导坑法	如图 2-39 所示
三	25 m 加宽段	双侧壁导坑法	

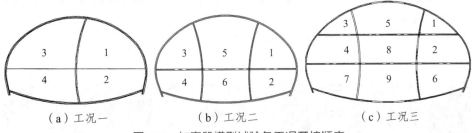

（a）工况一　　　　（b）工况二　　　　（c）工况三

图2-39　加宽段模型试验各工况开挖顺序

本模型试验旨在模拟实际施工过程中隧道的开挖，从而分析特大断面城市公路隧道支护结构的力学特性，模型试验的施工过程根据火凤山隧道的实际施工方案确定。由于隧道开挖断面大、施工工法复杂，无法采用常规的开挖方法进行开挖，根据文献调研结果，拟采用预埋钢拱架的方法进行开挖。一方面，预埋钢拱架不仅可以精准控制隧道开挖断面的形状，还可以准确掌握隧道开挖进尺，更适合双侧壁导坑法等复杂施工工法的模拟。另一方面，预埋钢拱架可准确控制隧道周围土体中元器件的埋设位置，提高元器件采集数据的准确性。图2-40、图2-41、图2-42依次为17.45 m加宽段、20 m加宽段、25 m加宽段的隧道断面的开挖过程。

（a）17.45 m加宽段开挖　　　（b）隧道贯通　　　（c）17.45 m加宽段开挖完成

图2-40　17.45 m加宽段隧道断面开挖过程

（a）20 m加宽段开挖　　　（b）隧道贯通　　　（c）20 m加宽段开挖完成

图2-41　20 m加宽段隧道断面开挖过程

 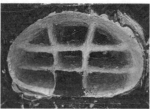 

（a）25 m加宽段开挖　　　（b）隧道贯通　　　（c）25 m加宽段开挖完成

图2-42　25 m加宽段隧道断面开挖过程

2.3.4　模型试验结果分析

1. 围岩位移结果分析

为便于与现场监测数据对比，将百分表所测得的最终位移值，通过相似关系换算为原型围岩位移值，汇总3种工况下的最终围岩位移结果，如表2-10所示。

表2-10 加宽段模型试验围岩位移结果汇总

工况	断面形状	拱顶沉降 / mm	沉降相对变形值 / %	水平收敛 / mm	收敛相对变形值 / %
工况一	17.45 m 加宽段	8.50	0.040	2.50	0.020
工况二	20 m 加宽段	11.50	0.048	3.00	0.021
工况三	25 m 加宽段	13.50	0.045	3.50	0.019

与现场监测结果相同，模型试验中拱顶沉降相对明显而拱腰收敛减小，通过对比工况一与17.45 m加宽段的现场结果发现，模型试验围岩位移值与相对变形值和现场监测较为接近，说明模型试验结果较为可靠。同时，3种工况下的围岩位移呈递增趋势，为进一步分析断面形状与围岩位移的关系，以17.45 m加宽段为基准，结合开挖跨度等对围岩位移的增长率进行分析，如图2-43所示。

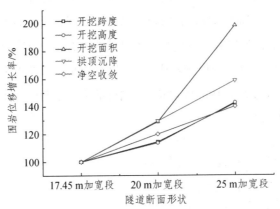

图2-43 模型试验围岩位移与断面形状关系

由图可知，拱顶位移的增长速率大于净空收敛的增长速率，同时净空收敛随开挖跨度的增长较为明显，增长率较为接近。同时，拱顶沉降的增长速率大于开挖高度的增长速率，但小于开挖面积的增长速率。因而当隧道断面形状增大时，更应加强拱顶沉降的监测。

2. 围岩压力监测结果分析

根据应变采集仪所测的各监测点最终数据，经公式（2-3）计算得出隧道模型所受到的土压力，并通过应力相似比换算得出各工况对应原型中隧道开挖后的围岩压力分布，如图2-44所示。

$$P = \mu\varepsilon \times K \qquad (2\text{-}3)$$

式（2-3）中:P为土压力值，单位为kPa；$\mu\varepsilon$为所测得的应变量；K为率定系数，由厂家给定。

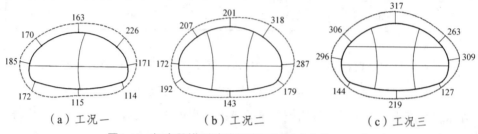

| （a）工况一 | （b）工况二 | （c）工况三 |

图2-44 加宽段模型试验围岩压力图（单位：kPa）

从图中可以看出，工况一与现场监测中17.45 m加宽段的围岩压力分布规律相似，整体呈现左右对称部分，且隧道上部所受的围岩压力略大于下部所受的围岩压力，且数值上较为接近。对比其他工况下的围岩压力分布可知，围岩压力上下分布一般相差1～2倍。为便于对比，计算3种工况下的围岩压力平均值分别为107.88 kPa、138.63 kPa、190.04 kPa，用同样的方法绘制围岩压力与断面形状的关系，如图2-45所示。

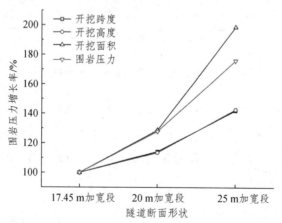

图2-45 加宽段模型试验围岩压力与断面形状关系

从图中可以看出，围岩压力随隧道断面形状的增加而增加，增长速率与前述拱顶沉降相似，围岩压力的增长速率介于开挖跨度与开挖面积之间，但增长速率拱顶沉降更大，更接近开挖面积的增长。因而，对于特大断面隧道而言，支护结构所受的围岩压力随断面形状的增加有明显的增大，增长速率大于围岩位移。

3. 支护结构内力分析

在测得模型中铜带内外侧应变后，根据公式（2-4）计算铜带所受的弯矩及轴力值。

$$
\begin{cases}
N = \dfrac{1}{2} E(\varepsilon_{内} + \varepsilon_{外})bh \\
M = \dfrac{1}{12} E(\varepsilon_{内} - \varepsilon_{外})bh^2
\end{cases}
\tag{2-4}
$$

式（2-4）中：b 为铜带的宽度；h 为铜带的厚度；E 为铜带的弹性模量；$\varepsilon_{内}$ 为所测的铜带内侧应变值；$\varepsilon_{外}$ 为所测的铜带外侧应变值。并根据前述相似关系计算出轴力相似比 C_N=125 000，C_M=6 250 000。从而得出对应原型的弯矩与轴力，并绘制弯矩分布图如图2-46所示，轴力图如图2-47所示。

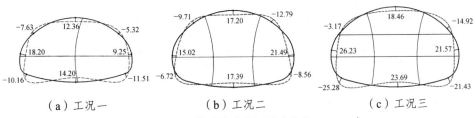

图2-46　加宽段模型试验弯矩图（单位：N·m）

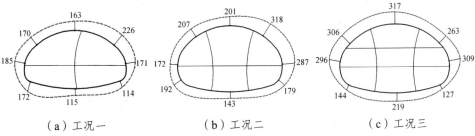

图2-47　加宽段模型试验轴力图（单位：kN）

　　根据弯矩分布图可知，钢拱架在拱脚与拱腰处有负弯矩的出现，且拱脚处的负弯矩值较拱肩处更大，其余位置处均为正弯矩，与前述现场监测结果相同。通过对比工况一与17.45 m加宽段现场监测结果发现，二者弯矩值较为接近，均在24 kN·m以内。结合3种工况下的轴力分布图发现，钢拱架轴力整体以压力为主，与前述围岩压力分布规律相似，隧道上部的轴力较下部更大，且轴力最大值位于拱肩或拱腰位置处，这与前述现场监测结果一致。对比况一与17.45 m加宽段现场监测结果，二者轴力值较为接近，相差不到30%，说明模型试验结果较为可靠。从3种工况下的钢拱架内力值来看，弯矩值与轴力值随着隧道断面的增大而增大，为进一步分析，提取各监测点内力的绝对值做平均值进行比较，并采用前述同样的方法绘制钢拱架内力与断面形状的关系，如图2-48所示。

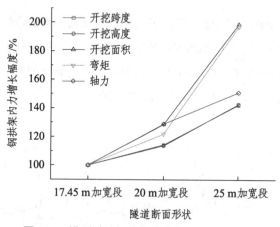

图2-48　模型试验钢拱架内力与断面形状关系

　　通过计算得出，3种工况依次为9.80 kN·m、13.61 kN·m、19.34 kN·m，结合图可知，弯矩的增长速率随隧道断面形状的变化显著，尤其是在断面由20 m加宽段增加至25 m加宽段时，钢拱架弯矩有显著提高。采用同样的方法分析钢拱架内部轴力，3种工况下轴力的平均值依次为108 kN、200 kN、248 kN，轴力的增长速率与前述围岩位移、围岩压力相似，增长速率在开挖面积与开挖跨度之间。整体而言，钢拱架的内力的增长速率介于开挖高度与开挖面积之间，同时其增长速率较围岩位移、围岩压力更为明显。

2.3　基于数值模拟的特大断面城市公路隧道加宽段支护结构力学特性研究

受火凤山隧道现场施工进度的影响，无法对各断面形状的隧道支护结构开展现场监测，同时受实验设备及场地等方面的限制，模型试验模拟的工况也相对有限。本节在现场监测和模型试验的基础上，通过开展数值模拟，可对不同断面形状的隧道开挖进行模拟，对比分析不同断面形状下的围岩压力、支护结构应力、围岩位移等，总结特大断面隧道支护结构的力学特性及变形规律。

2.3.1　数值模型的建立与开挖过程

根据火凤山隧道实际的地质条件和施工方案建立三维数值计算模型，为消除边界效应的影响，计算模型的尺寸横向宽度设计为128 m、长度设计为66 m，为模拟实际隧道埋深，模型高度设计为80 m。考虑到地表建筑的影响，计算模型还对建筑基础进行了模拟，基础长约为28.53 m、宽约为24 m，且建筑与隧道的空间位置如图2-49所示。根据设计资料，居民楼基础为灌注桩，其桩基直径约为1.5 m，桩基间距取4 m，设计桩深拟订为9.76 m。

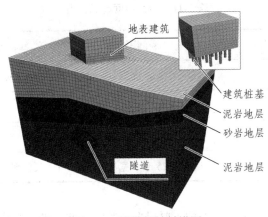

图2-49　建筑与桩基模型

为模拟实际开挖条件，将模型的底面及四周采用法向固定的方式对其边界进行约束，模型的底部边界的约束方向为竖向、前后左右边界的约束方向为水平。

隧道围岩及土体采用实体单元，按照均质弹塑性材料进行计算并采用莫尔-库仑准则，初期支护及临时支护采用shell单元进行模拟，钢拱架强度等效到初期支护中，建筑桩基与隧道二次衬砌采用实体单元进行模拟并视为线弹性体。由于隧道埋深较浅，计算时仅考虑自重应力场的影响，图2-50为计算模型。

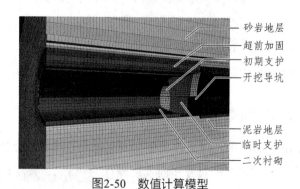

图2-50　数值计算模型

2.3.2　数值计算工况与计算参数

结合本章的研究内容，确定具体计算工况如表2-11所示。

表 2-11　特大断面计算工况

工况	断面形状	施工工法
工况 1	标准段	双侧壁导坑法
工况 2	17.45 m 加宽段	CD 方法
工况 3	20 m 加宽段	双侧壁导坑法
工况 4	25 m 加宽段	双侧壁导坑法（九导坑）

火凤山隧道的岩土力学参数主要根据《曾家岩北延伸穿越内环新增通道工程工程地质详细勘察报告》确定，初期支护中钢拱架按照等效刚度进行考虑。在进行计算时，超前加固区的参数采用在原有地层参数上进行提高的方式来考虑。最终确定的参数如表2-12所示。

表 2-12　数值计算参数

项目		密度 /（kg/m³）	弹性模量 /GPa	泊松比	黏聚力 /kPa	摩擦角 /（°）	厚度 /m
泥岩		2 510	1.31	0.32	150	31.52	
砂岩		2 510	2.83	0.25	420	34.51	
超前加固区		2 510	1.61	0.32	195	31.52	
桩基		2 400	31.86	0.20			
初期支护	标准段	2 400	30.40	0.20			0.25
	17.45 m 加宽段	2 400	29.16	0.20			0.31
	20 m 加宽段	2 400	30.04	0.20			0.32
	25 m 加宽段	2 400	29.69	0.20			0.35
临时支护	标准段	2 400	28.75	0.20			0.20
	17.45 m/20 m/25 m 加宽段	2 400	28.98	0.20			0.28
二次衬砌	标准段	2 400	31.50	0.20			0.80
	17.45 m 加宽段	2 400	31.50	0.20			0.85
	20 m 加宽段	2 400	31.50	0.20			0.95
	25 m 加宽段	2 400	31.50	0.20			1.20

　　地表建筑的结构荷载取值参照《建筑桩基技术规范》相关条款选用，其中屋面活荷载取用建筑屋面均布活荷载标准值，取为 2 kPa。楼面活荷载按照住宅楼面均布活荷载，取为 3 kPa，并按照表 2-13 对楼层折减系数计算。根据表 2-14，小区居民楼为框架-剪力墙结构，结构自重取为 12 kPa，隔墙重量取为 4 kPa。

表 2-13 楼层折减系数

基础以上楼层数 n	1	2 ~ 3	4 ~ 5	6 ~ 8	9 ~ 20	>20
折减系数 r	1.00	0.85	0.75	0.65	0.60	0.55

表 2-14 单层结构自重

结构类型	墙体材料	自重 /（kN/m²）
框架	轻质墙	8.0 ~ 12.0
	砖墙	10.0 ~ 14.0
框架 - 剪力墙	轻质墙	10.0 ~ 14.0
	砖墙	12.0 ~ 16.0
剪力墙	混凝土	14.0 ~ 18.0

2.3.3 数值计算结果分析

1. 围岩位移计算结果对比分析

在对围岩位移计算结果进行处理时，取监测点竖向位移与水平位移进行分析，并计算出监测点总位移值。各断面监测点位置分布及导坑位置如图2-51所示。

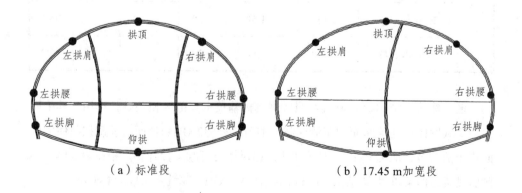

（a）标准段　　　　　　　　　　（b）17.45 m加宽段

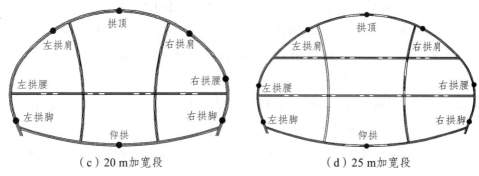

（c）20 m加宽段　　　　　　　　　（d）25 m加宽段

图2-51　各测点名称及导洞编号

标准段开挖过程中各监测点位移时程曲线如图2-52所示，监测断面各导洞开挖时间已在图中标注出，导洞编号根据开挖顺序确定。

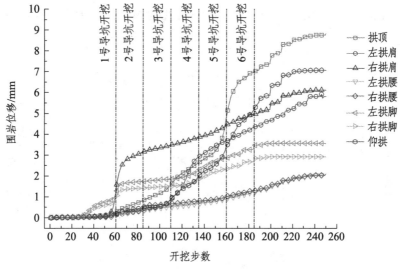

图2-52　标准段围岩位移时程曲线

通过围岩位移时程曲线可以看出，各监测点的位移变化大致相同，主要可分为预变形阶段、快速变形阶段以及收敛阶段。其中，监测点拱顶、左拱肩、右拱肩受导洞开挖最为明显，分别在各监测点所在的导洞（即5号导坑、3号导坑、1号导坑）开挖时位移值增长速率较快，拱顶、左拱肩、右拱肩测点的位移变化值分别占各自总位移值的37.71%、36.35%、37.80%。且从时程曲线可以看出，各监测点在开挖前便已发生一定的预变形，其中拱顶处的预变形最为明显。同时，各监测点围岩位移持续变形时间较长，在断面开挖后保持一定的增长速率，直至临时支护拆除、二次衬砌施作时，各监测点的位移变形逐渐收敛。

从稳定后的围岩位移值可以看出，拱顶处的位移值最大，为8.84 mm，其次为仰拱，约为7.06 mm，拱腰处的围岩位移值最小，约为2 mm，围岩竖向方向的位移明显大于竖向位移。

通过对比发现数值模拟结果与现场监测的围岩位移结果较为接近，数值模拟中标准段拱顶沉降为8.84 mm，略大于现场监测中的拱顶沉降的7 mm。这是由于数值模拟中围岩位移是从断面开挖前进行监测的，且在断面二次衬砌封闭后依旧监测，则数值模拟中的监测时间较现场监测时间更长，因而围岩位移略大于现场监测，但整体而言，二者相近可证明数值模拟的可靠性。

采用相同的方法，根据17.45 m加宽段数值计算结果绘制围岩位移时程曲线，如图2-53所示。由于17.45 m加宽段采用CD法施工，所以整个断面分为4个导洞开挖。

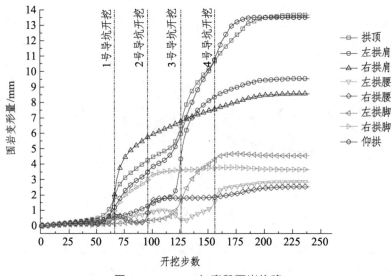

图2-53　17.45 m加宽段围岩位移

结合标准段围岩位移时程曲线分析可知，17.45 m加宽段的围岩位移变化规律与标准段大致相同，拱顶、左拱肩、右拱肩处的监测点在各自导洞开挖过程中的围岩位移变化值分别占最终位移值的31.46%、42.78%、45.91%，说明围岩位移不止在监测点所在坑开挖过程中发生变化，在其他导坑的开挖过程中，围岩位移也有明显的增长。

相比于标准段而言，17.45 m加宽段拱脚处的围岩位移变化规律有所不同，由于17.45 m加宽段各导洞的开挖面积较大，导洞的开挖会引起邻近未开挖导洞的测点围岩位移的变化，且位移变化较为明显，如右拱肩所在的1号导洞开挖会导致邻近导洞右拱肩监测点的位移变化，说明分部开挖时，当导洞开挖面积过大会影响导洞附近较大范围土体的变形。从最终围岩位移值可知，17.45 m加宽段拱顶最大沉降值为13.67 mm，其次为仰拱，约为13.51 mm，大于拱腰处的位移变形，与标准段相同，17.45 m加宽段的竖向围岩位移大于水平方向的位移变形。

通过与现场监测数据对比发现，二者所测得的围岩位移值接近，数值模拟中17.45 m加宽段的拱顶沉降可达到13.67 mm，较现场监测大1.67 mm，与前述标准段相似。根据围岩20 m加宽段绘制围岩位移时程曲线如图2-54所示。

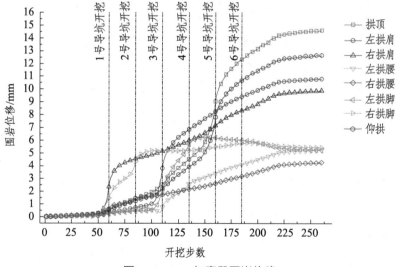

图2-54　20 m加宽段围岩位移

根据20 m加宽段位移时程曲线可以看出，其围岩位移变化规律与标准段、17.45 m加宽段大致相同，拱顶、左拱肩、右拱肩处的监测点随导洞开挖位移变化明显，在各自导洞开挖过程中的围岩位移变化值分别占最终位移值的30.62%、

37.59%、28.44%。虽然20 m加宽段采用的施工工法与17.45 m加宽段不同，但其拱脚处的围岩位移则与17.45 m加宽段类似，导洞的开挖会引起邻近未开挖导洞的测点围岩位移的变化，同时位移变化较为明显，这说明20 m加宽段各导坑开挖面积相对较大，开挖扰动范围较大。结合稳定后的围岩位移值可知，20 m加宽段拱顶最大沉降值为14.63 mm，其次为仰拱，为12.68 mm，而拱腰处的位移相对较小，约为5 mm。

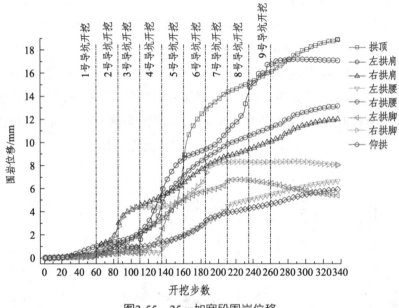

图2-55　25 m加宽段围岩位移

通过分析图2-55的25 m加宽段位移时程曲线可知，25 m加宽段的各监测点位移变形时间更长，拱顶、左拱肩、右拱肩处的监测点在各自导洞开挖过程中的围岩位移变化值分别占最终位移值的27.63%、28.24%、25.23%，相比于前述断面而言，导洞开挖过程中监测点的位移变形相对较小，说明25 m加宽段采用九导坑分部开挖有效控制了各监测点的围岩位移变形。根据各监测点最终围岩位移值可知，25 m加宽段拱顶沉降最大为18.89 mm，其次为仰拱，为17.09 mm，左拱肩的围岩位移值略大于右拱肩，结合开挖工序可知，导洞的开挖顺序会对围岩位移产生影响。整体而言，4种工况下的围岩位移隧道断面形状不断增大，选取各监测点围岩位移的平均值，并结合隧道断面形状进行分析，如图2-56所示。

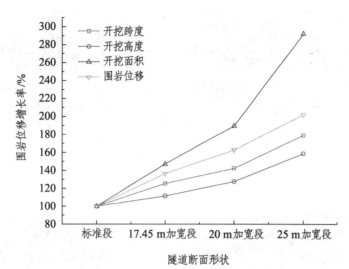

图2-56　数值模拟围岩位移与断面形状关系

　　标准段、17.45 m加宽段、20 m加宽段、25 m加宽段下的各监测点围岩位移平均值依次为5.39 mm、7.36 mm、8.77 mm、10.89 mm，通过以标准段为基准，绘制出4种不同断面形状下的围岩位移增长率发现，围岩位移的增长率介于开挖跨度与开挖面积之间，这与现场监测结果相似。

　　2. 围岩应力分析

　　根据各断面数值计算结果提取开挖结束后围岩应力的最小主应力与最大主应力云图，为便于分析邻近隧道围岩的应力分布规律与结果，沿隧道中线将模型分开，并根据对称性取其中一侧进行分析，如图2-57、图2-58、图2-59、图2-60所示。

（a）标准段开挖后围岩最小主应力云图　　　　（b）标准段开挖后围岩最大主应力云图

图2-57　标准段围岩应力云图

（a）17.45 m加宽段开挖后围岩最小
主应力云图

（b）17.45 m加宽段开挖后围岩最大
主应力云图

图2-58　17.45 m加宽段围岩应力云图

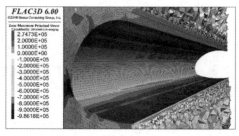

（a）20 m加宽段开挖后围岩最小
主应力云图

（b）20 m加宽段开挖后围岩最大
主应力云图

图2-59　20 m加宽段围岩应力云图

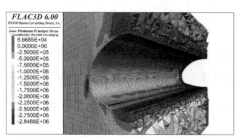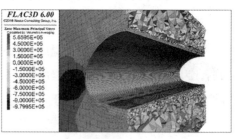

（a）25 m加宽段开挖后围岩最小
主应力云图

（b）25 m加宽段开挖后围岩最大
主应力云图

图2-60　25 m加宽段围岩应力云图

　　结合不同断面形状下的围岩最小主应力云图可知，4种断面形状下与隧道拱腰及拱肩处接触的围岩最小主应力值相较于其他部位更大，则该处围岩所受的压应力相对较大。同时，隧道拱脚处附近围岩的最小主应力最大，存在应力集中现象，但该处的围岩并未与隧道直接接触。4种断面形状下，应力集中程度有所不同，标准段的围岩最小主应力可达到2.11 MPa，17.45 m加宽段可达到2.48 MPa，20 m加宽段可达到2.76 MPa，25 m加宽段可达到2.85 MPa，则随着隧道断面的增大，围岩所受最小主应力值也略有增加，则在特大断面施工过程中应重点关注两侧拱腰至拱脚区域围岩的状态。

根据4种断面形状下的围岩最大主应力云图可以发现，隧道拱顶与仰拱处的围岩的最大主应力值最大，则拱顶与仰拱处的围岩所受的拉应力相对较大，但最大主应力值一般在270～566 kPa，小于围岩的抗拉强度，整体较为安全。

3. 初期支护应力分析

通过不同断面形状下的数值计算结果，绘制开挖结束后各工况初期支护的最小主应力与最大主应力云图，如图2-61、图2-62、图2-63、图2-64所示。在绘制各断面初期支护应力云图时，为减小边界效应的影响，选取中间模型的中间断面进行分析。

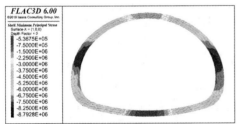

（a）标准段开挖后初期支护最小　　　　　　（b）标准段开挖后初期支护最大
主应力云图　　　　　　　　　　　　主应力云图

图2-61　标准段初期支护应力云图

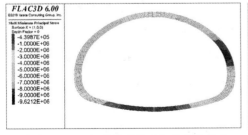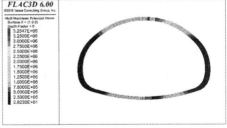

（a）17.45 m加宽段开挖后初期支护最小　　　（b）17.45 m加宽段开挖后初期支护最大
主应力云图　　　　　　　　　　　　主应力云图

图2-62　17.45 m加宽段初期支护应力云图

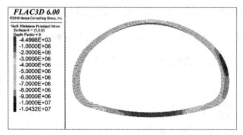
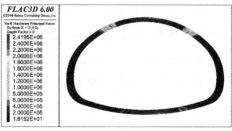

（a）20 m加宽段开挖后初期支护最小　　　（b）20 m加宽段开挖后初期支护最大
主应力云图　　　　　　　　　　　　　　主应力云图

图2-63　20 m加宽段初期支护应力云图

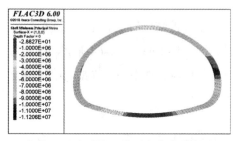
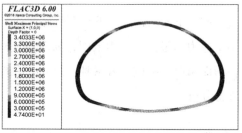

（a）25 m加宽段开挖后初期支护最小　　　（b）25 m加宽段开挖后初期支护最大
主应力云图　　　　　　　　　　　　　　主应力云图

图2-64　25 m加宽段初期支护应力云图

通过各断面形状的初期支护最小应力云图可以看出，拱肩与拱腰间初期支护的最小主应力较大，则该位置所受的压应力值较大，而与一般隧道相比，特大断面隧道初期支护最小主应力绝对值最大的位置有所下移，结合特大断面隧道的开挖断面形状分析，初期支护结构受隧道扁平率影响较大。根据云图可知，标准段的最小主应力值最大可达到8.79 MPa，17.45 m加宽段可达到9.52 MPa、20 m加宽段可达到10.43 MPa、25 m加宽段可达到11.20 MPa。同时，与拱腰相比，各断面形状下拱顶及仰拱处的最小主应力相对较小，小于4 MPa。

相比于标准段、20 m加宽段与25 m加宽段可知，17.45 m加宽段初期支护最小主应力分布不均匀，右侧最小主应力明显大于左侧最小主应力，差值可到4 MPa，这是由于17.45 m加宽段采用的是CD法施工，与其他断面有所差异。对20 m加宽段与25 m加宽段而言，初期支护左右侧最小主应力分布有所差异，但差值较小，为1～2 MPa，同时结合隧道的开挖工序可知，先开挖导洞一侧的初期支护所受的压应力较后开挖导洞初期支护所受的压应力更大。

为验证数值模拟的可靠性，提取标准段数值计算结果中初期支护的弯矩轴力进行分析，弯矩、轴力云图如图2-65所示。

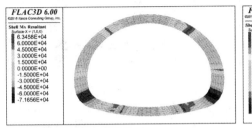 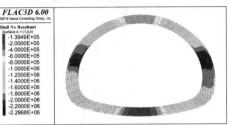

（a）初期支护弯矩图　　　　　　　　（b）初期支护轴力图

图2-65　标准段数值模拟初期支护内力图

整体而言，标准段数值计算结果中初期支护在拱肩与拱脚处有负弯矩出现，且拱脚处的弯矩值较拱肩处的更为明显，这与前述模型试验和现场监测中的结果一致。根据轴力图可以发现，轴力最大位置位于拱肩与拱腰中间的区域，拱肩与拱腰处的轴力值较其余位置处更大，这与前述模型试验和现场监测结果相同。但由于数值模拟中，钢拱架是通过等效刚度进行考虑的，所以数值模拟中初期支护弯矩值与内力值较模型试验和现场监测有所差异。整体而言，数值模拟中的初期支护内力图与现场监测和模型试验中的分布规律相同，数值模拟结果较为可信。

4. 塑性区分布分析

根据各断面数值计算结果提取塑性区分布图，如图2-66所示。FLAC3D结合时间对围岩塑性破坏状态进行了描述，如表2-15所示。

表 2-15　塑性区破坏状态

类别	描述
Shear-n	现在处于剪切破坏的状态
Shear-p	现在处于弹性状态，但曾经发生剪切破坏
Tension-n	现在处于拉伸破坏的状态
Tension-p	现在处于拉伸状态，但曾经发生拉伸破坏
None	未发生破坏

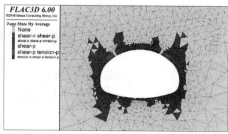

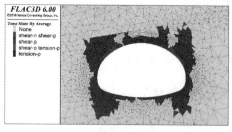

（a）标准段 　　　　（b）17.45 m加宽段 　　　　（c）20 m加宽段 　　　　（d）25 m加宽段

图2-66 　4种断面形状的塑性区分布

根据塑性区分布可知：隧道周围的土体发生的塑性破坏以剪切破坏为主，部分位置受拉破坏，且发生塑性破坏的土体主要位于隧道的拱肩与拱脚位置，与前述拱脚处围岩最小主应力集中的现象相符。通过对比4种断面形状可以发现，随着隧道断面的不断增大，围岩塑性区范围也逐渐增加，即受开挖扰动的土体范围不断增大。通过进一步提取塑性区面积，可得到4种隧道断面形状在受开挖影响的土体的体积比，标准段、17.45 m加宽段、20 m加宽段、25 m加宽段的比值约为1∶2.95∶3.25∶8.64，则随着隧道开挖断面的增加，塑性区面积显著增大。

5. 建筑基底沉降

为分析隧道开挖对上方建筑的影响，在建筑底部选取4个监测点，并选取4处桩基底部进行监测，如图2-67所示。

由于标准段处无建筑，仅对17.45 m加宽段、20 m加宽段以及25 m加宽段三种隧道断面形状开挖对隧道上方建筑基底沉降的影响进行分析。以17.45 m加宽段桩基底部沉降为例，开挖过程中桩基底部沉降时程曲线如图2-68所示，图中标注了距离桩基最近的隧道断面（断面1）开始开挖的时间和最后一个隧道断面（断面2）开挖结束后的时间。

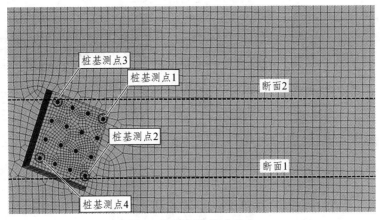

图2-67　桩基监测点分布

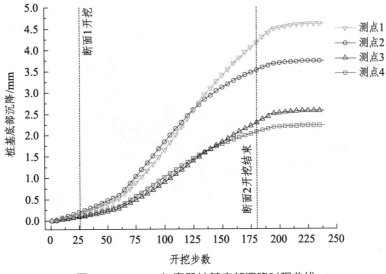

图2-68　17.45 m加宽段桩基底部沉降时程曲线

　　由17.45 m加宽段桩基底部沉降时程曲线可以看出，建筑桩基底部沉降时程曲线整体呈"S"形，呈现缓慢增长、线性增长、逐渐收敛的趋势，桩基底部的大部分沉降量呈线性增长，且桩基底部的沉降在断面2开挖结束后依旧有所增长，20 m加宽段与25 m加宽段桩基底部沉降的时程曲线变化规律与之类似。各断面形状下桩基底部稳定后的沉降值如表2-16所示。位移云图如图2-69所示。

表2-16 桩基底部沉降　　　　　　　　　单位：mm

断面	桩基底部测点1	桩基底部测点2	桩基底部测点3	桩基底部测点4	不均匀沉降值
17.45 m 加宽段	4.61	3.74	2.57	2.23	2.38
20 m 加宽段	6.27	5.51	3.78	3.35	2.92
25 m 加宽段	8.95	8.18	5.49	4.63	4.32

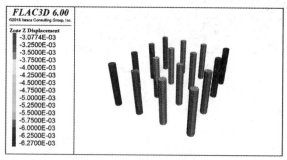

（a）17.45 m加宽段桩基沉降云图

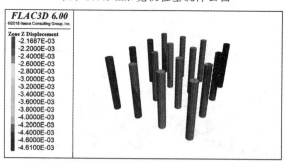

（b）20 m加宽段桩基沉降云图

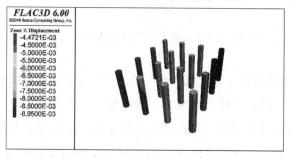

（c）25 m加宽段桩基沉降云图

图2-69 桩基沉降云图

从表中可以看出，17.45 m加宽段、20 m加宽段、25 m加宽段3种工况下的桩基沉降值最大分别可达到4.61 mm、6.27 mm、8.95 mm，均未超过施工方案中所要求的20 mm沉降控制值。同时分析桩基沉降云图可知，桩基底部的不均匀沉降较为明显，靠近隧道开挖侧的一号监测点桩基沉降最大，17.45 m加宽段、20 m加宽段、25 m加宽段的不均匀沉降值分别为2.38 mm、2.92 mm、4.32 mm，则桩基沉降整体较为安全，未超过不均匀沉降允许值。但相对各工况下的桩基沉降值，不均匀沉降较为明显，3种工况下的最大不均匀沉降值与最大沉降值间比例依次为52%、47%、48%，因而在施工过程中应当注意隧道开挖对建筑不均匀沉降的影响。

2.4　本章小结

本章采用了现场监测、模型试验以及数值模拟三种不同的研究方法首先对火凤山隧道加宽段支护结构力学特性及围岩位移等进行了研究，主要结论如下：

（1）根据现场监测结果分析可知，标准段与17.45 m加宽段围岩位移未超过隧道变形允许值，整体较为安全。通过对比隧道相对变形值发现，隧道竖向变形较净空收敛更为明显。同时，隧道上部所受的围岩压力大于隧洞下部所受的围岩压力，但隧道整体围岩压力分布较为均匀。与围岩压力相似，钢拱架上部的轴力分布较大，钢拱架整体以正弯矩为主，在钢拱架两侧拱肩有少量负弯矩。同时通过现场监测可以发现，围岩位移、围岩压力、钢拱架内力随断面形状有明显增加；通过对比模型试验与现场监测的围岩位移、围岩压力、钢拱架应力的监测结果，证明了模型试验的可靠性。同时，通过模型试验的结果可知，围岩位移、围岩压力以及钢拱架内力的增长速率介于开挖跨度与开挖面积之间，且钢拱架内力的增长速率大于围岩位移与围岩压力。

（2）通过数值计算结果发现，各监测点的围岩位移在导坑开挖过程中变化明显，但邻近导坑的开挖也会对已开挖的导坑处的围岩位移有较大影响，同时会引起未开挖导坑处的围岩发生明显的预变形。4种断面形状下，拱腰区域所受的最小主应力相对较大，4种断面形状下的初期支护最小主应力值分别可达到8.79 MPa、9.52 MPa、10.43 MPa、11.20 MPa，因而在隧道开挖后应注意两侧拱腰的受力状态。与其他断面不同，由于17.45 m加宽段采用CD法施工，隧道开挖后初期支护应力分布与其他断面有所不同，左右侧最小主应力差值可达到 3.5 MPa，与其他隧道有明显区别。在考虑建筑荷载以及隧道与建筑相对空间位置的条件下，3 种工况中的建筑桩基底部沉降最大可达到 8.95 mm，小于施工方案中所要求的允许值，整体较为安全。但结合桩基沉降值，不同桩基间有明显的不均匀沉降，最大不均匀沉降可达到 4.32 mm，虽然未超过允许值，但在隧道施工过程中应保持关注。

第3章　特大断面城市公路隧道变截面段支护结构力学特性研究

3.1　基于模型试验的特大断面城市公路隧道变截面段支护结构力学特性研究

本节在基于前述特大断面城市公路隧道研究成果的基础上，针对火凤山隧道加宽段中变截面处隧道支护结构力学特性及变形规律开展研究，主要的研究方法包括模型试验和数值模拟，试验参数、模型尺寸等与前述相同。通过对比前述特大断面的研究成果，进一步分析变截面对隧道支护结构的影响，并通过对比多个不同的突变截面，总结突变截面的影响规律，得出更加普适性的结论。

火凤山隧道左线共有3处变截面段，3处变截面段的起始里程依次为ZK3+095、ZK3+256、ZK3+280，分别为标准～17.45 m变截面段、17.45～20 m变截面段、20～25 m变截面段，同时为便于后续分析描述，将变截面段分为小断面段、渐变段、大断面段，如图3-1所示。根据设计方案，变截面处采用渐变开挖的方式进行施工，通过每次开挖循环扩挖，并采用异型钢架进行施工以达到截面改变的目的。3处变截面开挖示意图与异性钢拱架布置如图所示。需说明的是，渐变段所采用的施工工法与支护参数和后续大断面段的施工工法与支护参数相同。

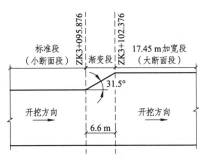

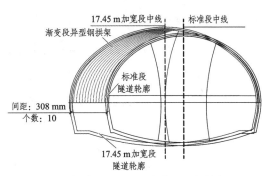

（a）标准～17.45 m变截面段开挖方向　　　　（b）标准～17.45 m变截面段钢拱架

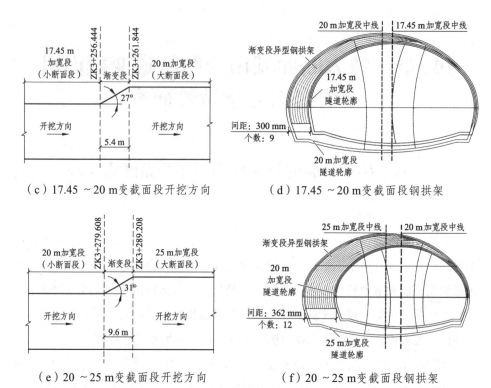

（c）17.45～20 m变截面段开挖方向　　　　（d）17.45～20 m变截面段钢拱架

（e）20～25 m变截面段开挖方向　　　　（f）20～25 m变截面段钢拱架

图3-1　变截面段施工示意图

3.1.1　模型试验工况

变截面隧道开挖模型试验采用与前述特大断面隧道开挖模型试验相同的仪器设备、监测系统及开挖方法。由于突变截面隧道的开挖难度大，且突变前后的隧道开挖轮廓不便于确定，因而本次模型试验仅对渐变开挖方法下的变截面隧道开挖进行模拟。具体的试验工况如表3-1所示。

表3-1　变截面段隧道模型试验工况

工况	断面形状	施工工法	
		小断面施工工法	大断面施工工法
4	17.45～20 m变截面段	CD法	双侧壁导坑
5	20～25 m变截面段	双侧壁导坑	双侧壁导坑

3.1.2 模型试验过程

变截面隧道在施工过程中需扩大开挖截面，因而支护结构可能会因截面变化而产生应力集中现象，所以重点对渐变段处支护结构所受的围岩压力以及钢拱架应力进行监测，共布置了3个监测断面，各监测断面位置如图3-2所示。

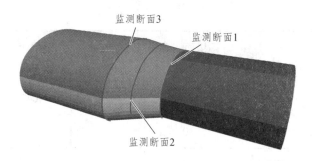

图3-2 变截面段模型试验监测断面位置

在模型试验中所采用的施工工法与原施工方案相同，17.45 m加宽段采用CD法、20 m加宽段采用双侧壁导坑法、25 m加宽段采用九导坑双侧壁导坑法，各工况下的导坑开挖顺序也与施工方案相同。图3-3、图3-4为模型试验过程。

（a）断面开挖　　　　　　（b）隧道贯通　　　　　　（c）开挖结束

图3-3 17.45～20 m变截面段模型试验过程

  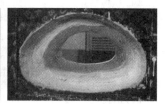

（a）断面开挖　　　　　　（b）隧道贯通　　　　　　（c）开挖结束

图3-4 20～25 m变截面段模型试验过程

3.1.3 模型试验结果分析

1. 围岩位移分析

根据变截面模型试验结果通过相似比换算对应原型中的围岩位移，如表3-2变截面围岩位移汇总所示。

表 3-2 变截面围岩位移汇总

工况	监测断面	拱顶沉降 /mm	净空收敛 /mm	沉降相对变形 /%	收敛相对变形 /%
工况四（17.45 ~ 20 m 变截面段）	监测断面 1	9.00	2.0	0.043	0.016
	监测断面 2	10.00	2.5	0.044	0.018
	监测断面 3	10.50	2.5	0.044	0.017
工况五（20 ~ 25 m 变截面段）	监测断面 1	11.50	2.0	0.048	0.014
	监测断面 2	12.00	2.0	0.044	0.012
	监测断面 3	13.00	3.5	0.043	0.019

以工况四为例，变截面隧道中监测断面1的拱顶沉降略大于前述17.45 m加宽段的8.50 mm，而监测断面3的拱顶沉降则略小于前述20 m加宽段的11.00 mm，而位于渐变段中间处的监测断面2的围岩位移结果则介于监测断面1、3之间，工况五中所监测的围岩位移变化规律与之相似。这一方面说明了渐变段的围岩位移随断面形状的增大而逐渐增加的趋势，一方面也说明变截面段隧道的影响范围不局限于渐变段，还会对邻近区域的围岩位移产生影响。通过模型试验看出，净空收敛的变化不如拱顶沉降明显，但整体上符合上述渐变段的围岩位移变形规律。

2. 围岩压力分析

根据变截面下围岩压力结果经相似比转换为原型下的围岩压力计算，并绘制各监测断面下的围岩压力，工况四与工况五下围岩压力分布分别如图3-5、图3-6所示。

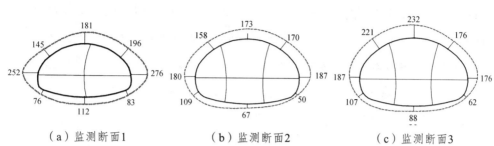

（a）监测断面1　　　　　（b）监测断面2　　　　　（c）监测断面3

图3-5　17.45～20 m变截面段模型试验围岩压力分布（单位：kPa）

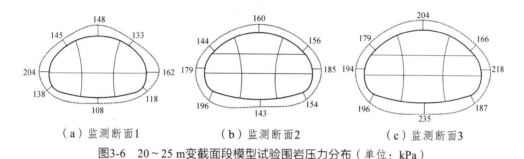

（a）监测断面1　　　　　（b）监测断面2　　　　　（c）监测断面3

图3-6　20～25 m变截面段模型试验围岩压力分布（单位：kPa）

从工况四、工况五的围岩压力分布图中可以看出，两种工况下监测断面1的围岩压力分布与其他监测断面有所区别，拱顶及两侧拱腰处的围岩压力较其余监测点更大。为进一步对比分析，计算各监测断面下围岩压力平均值，如表3-3模型试验围岩压力平均值所示。

表3-3　模型试验围岩压力平均值

工况	监测断面 1/kPa	监测断面 2/kPa	监测断面 3/kPa
工况四（17.45 ～ 20 m 变截面段）	165	137	156
工况五（20 ～ 25 m 变截面段）	166	165	209

结合表可更明显地看出，两种工况下监测断面1拱顶及左右侧拱腰所受的围岩压力较大。结合实际开挖过程可知，监测断面1位于渐变段起始位置，从该断面开始隧道断面逐步增大，对周边围岩的扰动范围也逐渐增大，因而隧道所受的围岩也会有所增加，同时由于17.45 m加宽段采用CD法施工，对围岩的控制效果

相对较差，所以其围岩压力分布的变化较工况五下监测断面1的变化更为明显。且整体而言，各监测点的围岩压力呈现随断面形状的增大而增大的趋势。

3. 钢拱架内力结果分析

通过相似比换算原型下的钢拱架内力，并计算各监测断面的弯矩与轴力，工况四与工况五下钢拱架内力分布分别如图3-7、图3-8所示。

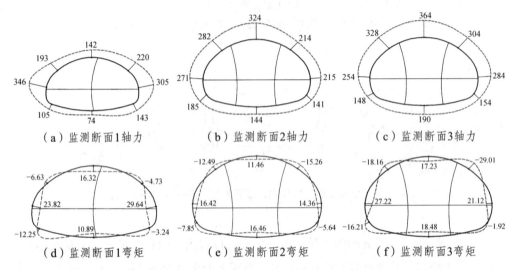

图3-7　17.45～20 m变截面段模型试验钢拱架内力分布（单位：轴力kN；弯矩kN·m）

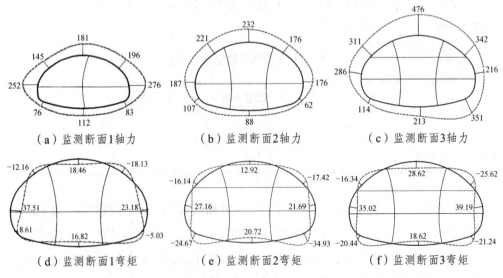

图3-8　20～25 m变截面段模型试验钢拱架内力分布（单位：轴力kN；弯矩kN·m）

整体而言，工况四、工况五下的钢拱架内力分布相同，钢拱架轴力以压力为主，拱肩与拱肩处为负弯矩，其余位置为正弯矩，与前述加宽段模型试验结果相近。通过对比发现，钢拱架内力分布与围岩压力相似，工况四与工况五下监测断面1的钢拱架内力较其他监测断面有所区别，拱腰处的轴力、弯矩相较于其余监测点更大，以工况四监测断面1为例，轴力平均值为191 kN，而拱腰处轴力可达到346 kN，弯矩绝对值平均值可达到13.44 kN·m，而拱腰处弯矩值可达到29.64 kN·m。通过对比各工况下不同监测断面的钢拱架内力可以发现，除监测断面1拱腰与拱顶处的监测点外，其余各监测点处的钢拱架内力随断面的增大呈增长趋势。

整体而言，渐变段隧道在截面起始位置处的围岩压力与钢拱架内力和第2章所述相同断面形式下的隧道有所区别，其拱腰处所受的围岩压力与钢拱架内力更大，因而渐变隧道下的支护结构受截面变化的影响存在应力集中现象。同时，特大断面的围岩位移随着断面形状的增大而增加，除个别监测点外，其余监测点的围岩压力与钢拱架内力随隧道断面的增大而增加。因而渐变段会显著改变影响隧道支护结构内力，且在截面变化起始位置处的钢拱架内力分布更为复杂。

3.2　基于数值模拟的特大断面城市公路隧道变截面段支护结构力学特性研究

3.2.1　数值计算工况

本节在模型试验的基础上采用数值模拟的方法对变截面段的隧道支护结构及变形规律进一步分析。结合现场实际施工，拟订的数值模拟计算工况与地表建筑情况，如表3-4所示。

表 3-4　变截面城市公路隧道计算工况

工况	变截面段	建筑情况
5	标准 ~ 17.45 m 变截面段	无建筑
6	17.45 ~ 20 m 变截面段	有建筑
7	20 ~ 25 m 变截面段	有建筑

3.2.2　计算模型与开挖过程

数值计算参数与前述相同，各工况下的数值计算模型如图3-9、图3-10、图3-11所示。开挖过程根据施工方案中的开挖工法及开挖顺序进行模拟。

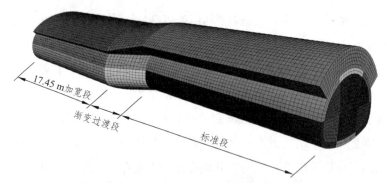

图3-9　标准～17.45 m变截面段数值计算模型

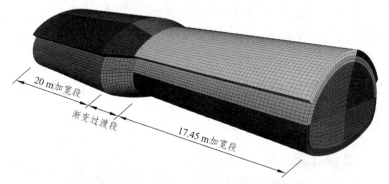

图3-10　17.45 ～20 m变截面段数值计算模型

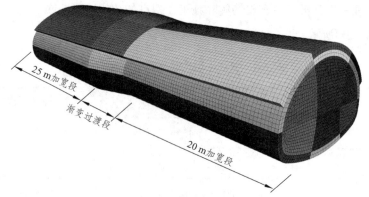

图3-11　20 ～25 m变截面段数值计算模型

3.2.3　变截面段数值计算结果分析

针对变截面段数值计算结果，着重选取围岩位移、初期支护应力、围岩应力以及塑性区进行分析，并综合前述加宽段的数值计算结果，判断渐变段的影响范围。同时由于火凤山隧道为城市公路隧道，还需分析变截面段隧道对邻近建筑的影响，根据火凤山隧道施工实际，仅对标准～17.45 m变截面段和17.45～20 m变截面段隧道施工对建筑桩基底部沉降的影响进行分析。为便于描述，在对变截面段隧道进行分析时，根据开挖断面将其分为小断面段与大断面段。

1. 标准～17.45 m变截面段数值计算结果分析

1）围岩位移计算结果分析

根据标准～17.45 m变截面段的数值计算结果，各断面的围岩位移时程曲线整体变化规律与一般特大断面隧道无明显差异，但稳定后的围岩位移值有所差异，这是由于隧道断面形状随隧道纵向开挖长度的变化而变化，所以围岩位移在隧道纵向长度方向上有较大变化。图3-12为标准～17.45 m变截面段渐变截面竖向围岩位移云图。同时，由于隧道开挖断面大，沿开挖方向存在一定挤出位移，如图3-12所示。

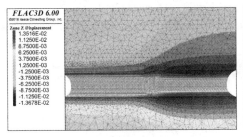
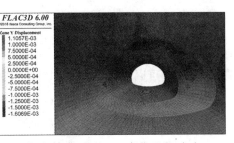

（a）标准～17.45 m变截面段渐变截面　　　　（b）标准～17.45 m变截面段y方向
　　　　竖向围岩位移云图　　　　　　　　　　　　　（开挖方向）位移云图

图3-12　标准～17.45 m变截面段围岩位移云图

从竖向位移云图中可以看出，竖向围岩位移在距离变截面段一定范围内便已开始受到隧道截面形状的影响开始增大或减小，对于标准段而言，变截面会使其竖向围岩位移增大，而对17.45 m加宽段而言，变截面会使其竖向围岩位移减小。通过开挖方向的位移云图可以看出，渐变段的拱顶至左拱腰区域的围岩有少量y方向位移（图中是从大里程方向面向小里程方向，因而视图中左右侧与实际隧道左右侧不同），最大不超过1.11 mm，而右侧无明显挤出位移，这是由于隧道左侧扩大的面积更多，因而左侧挤出位移更多。为确定截面变化对围岩位移的影响范围，选取位移变化最为明显的拱顶处的围岩位移进行分析，绘制拱顶沉降沿隧道纵向长度方向的变化，如图3-13所示。

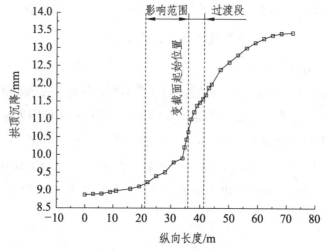

图3-13 标准～17.45 m变截面段拱顶沉降变化规律

从图中可以看出，标准～17.45 m变截面段隧道的拱顶沉降整体呈上升趋势，拱顶沉降逐渐由标准段的8.84 m增长至17.45 m加宽段的13.67 mm，且过渡段的拱顶沉降增长速率较大。结合其他监测点的围岩位移可知，隧道变截面对标准段处围岩位移的影响较为不利，增加了围岩位移值，但截面变化对17.45 m加宽段的影响相对有利，降低了围岩位移值。结合前述标准段与17.45 m加宽段围岩位移结果，确定标准～17.45 m变截面段的不利影响范围约为变截面起始位置前15 m。

2）围岩压力计算结果分析

根据数值计算结果，绘制围岩应力云图如图3-14所示。标准～17.45 m变截面段的围岩应力如图所示，由于变截面隧道左右非对称，则分别对两侧的围岩应力进行分析，其中隧道左右侧是指根据沿隧道开挖方向确定的。

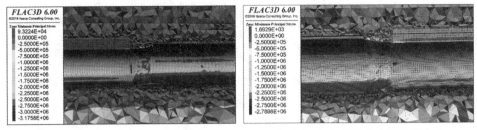

（a）渐变截面隧道左侧围岩应力　　　　（b）渐变截面隧道右侧围岩应力

图3-14　标准～17.45 m变截面段隧道围岩最小主应力

通过围岩最小主应力云图可以看出，围岩最小主应力普遍不超过1 MPa，但渐变截面与突变截面处的截面变化处的围岩存在应力集中，主要位于拱腰至拱脚的位置，应力值可达到3.18 MPa，影响范围约为变截面起始位置3 m范围内。采用同样的方法绘制标准段～17.45 m加宽段变截面隧道围岩最大主应力，如图3-15所示。

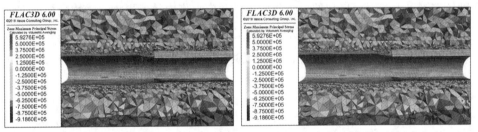

（a）渐变截面隧道左侧围岩应力　　　　（b）渐变截面隧道右侧围岩应力

图3-15　标准～17.45 m变截面段隧道围岩最大主应力

通过最大围岩主应力云图可以看出，渐变截面隧道与突变截面隧道的围岩最大主应力均主要位于隧道拱顶与仰拱处，数值偏小，不超过0.59 MPa，小于围岩的抗拉强度，整体较为安全。

3）初期支护应力计算结果分析

根据数值计算结果，对标准～17.45 m变截面段初期支护应力进行分析，由于隧道左右侧呈非对称，分别对左侧与右侧的初期支护应力进行分析，如图3-16所示。

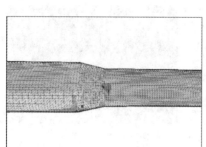 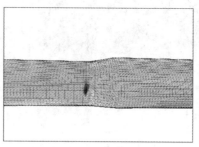

（a）渐变截面隧道左侧初期支护应力　（b）渐变截面隧道右侧初期支护应力

图3-16　标准~17.45 m变截面段初期支护最小主应力

通过标准~17.45 m变截面段初期支护最小主应力可知，变截面处起始位置的初期支护有明显应力集中，位于拱腰两侧，与围岩应力集中的位置大致相同。且左侧的应力集中数值与范围更大，可达到13.48 MPa，渐变段右侧的初期支护应力值可达到11.77 MPa。结合渐变段的断面形状可知，隧道左侧的形状改变幅度较右侧更大，因而出现的应力集中范围和应力集中数值更大。采用同样的方法对标准~17.45 m变截面段初期支护最大主应力进行分析，结合前述特大断面初期支护最大主应力出现的位置，选取仰拱与拱顶处的初期支护最大主应力进行分析，如图3-17所示。

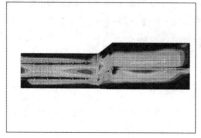 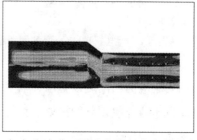

（a）渐变截面隧道拱顶初期支护应力　（b）渐变截面隧道仰拱初期支护应力

图3-17　标准~17.45 m变截面段初期支护最大主应力

从图中可以看出，标准~17.45 m变截面段初期支护的最大主应力普遍较小，不超过1 MPa，拱顶处的最大主应力相对较大，最大可达到2.57 MPa，未超过初期支护的抗拉强度，整体较为安全。而仰拱处的最大主应力值较小，最大不超过1.98 MPa。对比渐变段与其余位置处可以发现，渐变段处对初期支护最大主应力分布无明显差异，最大主应力分布在拱顶，其次为仰拱，其余位置处的最大主应力不超过0.25 MPa，说明渐变段对初期支护最大主应力分布无明显影响。

　　由于初期支护最大主应力受渐变段影响不明显，因而选取初期支护的最小主应力进一步分析渐变段对隧道的影响范围，沿隧道纵向选取不同断面进行分析，如图3-18所示。图中标注出选取的断面位置，绘制各断面初期支护最小主应力云图，并标出各断面中应力值最大值的位置。

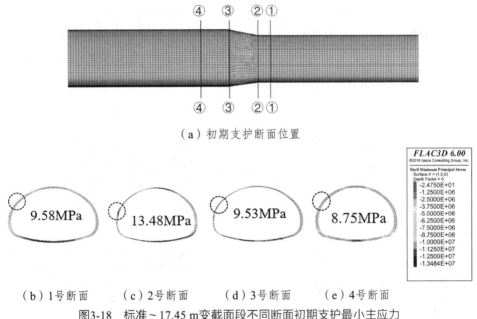

（a）初期支护断面位置

（b）1号断面　　（c）2号断面　　（d）3号断面　　（e）4号断面

图3-18　标准～17.45 m变截面段不同断面初期支护最小主应力

　　由图可知，变截面段隧道的初期支护应力在距离变截面附近的变化较为明显，在距离变截面3 m处时（1号断面），初期支护最小应力开始改变，此处的最小主应力值为8.75 MPa，与前述标准段的应力值相似。到2号断面时，即变截面起始位置处，初期支护最小主应力值增加至13.48 MPa，且有明显的应力集中现象，应力集中范围主要集中在渐变段前3 m范围内的拱腰处。由于渐变段处的初期支护参数较小断面处的支护参数有所提高，所以渐变段的支护结构应力无明显的应力集中。

在3号断面，隧道断面转变为17.45 m加宽段，该处初期支护应力最大为9.53 MPa，与前述17.45 m加宽段的初期支护最大应力值相近。至4号断面（距离变截面起始位置15 m处）时，初期支护最大应力值为9.58 MPa，与前述17.45 m加宽段的9.62 MPa相近。整体而言，截面变化对小断面段（标准段）的影响是不利的，会导致初期支护在变截面起始位置附近区域发生应力集中，最小主应力值可达到13.48 MPa，约高于正常值66%，影响范围约为3 m，而对于大断面段（17.45 m加宽段）而言，截面变化对大断面段无明显影响。

4）塑性区计算结果分析

根据数值计算结果并结合隧道断面形状，提取标准～17.45 m变截面段隧道塑性区结果，并根据渐变段的位置，确定如下3个断面对围岩塑性区分布进行分析，如图3-19所示。其中1号断面位于渐变段起始位置，2号断面位于渐变段中间位置，3号断面位于渐变段结束位置。

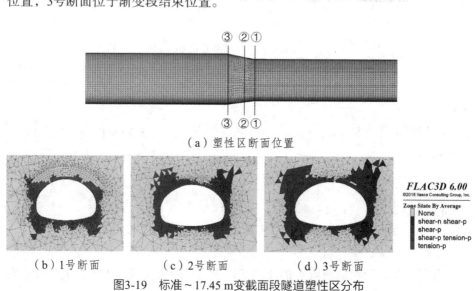

（a）塑性区断面位置

（b）1号断面　　　　　（c）2号断面　　　　　（d）3号断面

图3-19　标准～17.45 m变截面段隧道塑性区分布

结合标准～17.45 m变截面段隧道不同断面塑性区分布可知，变截面段塑性区分布区域与前述加宽段大致相同，主要分布在拱脚与拱肩处，且1号断面与3号断面处塑性区面积与前述标准段、17.45 m加宽段处的分布面积大致相同，而位于过渡段中间处的2号断面塑性区面积则介于二者之间。这说明截面变化对围岩塑性分布无明显影响，变截面段隧道开挖对围岩的扰动范围随断面形状的增加而逐渐增大，且塑性区面积的变化规律与前述围岩位移的变化规律相近，呈现逐渐增长的趋势。

2．17.45～20 m变截面段数值计算结果分析

1）围岩位移计算结果分析

采用同样的方法对17.45～20 m变截面段的围岩位移进行分析，分别选取变形最为明显的竖向沉降与沿开挖方向的围岩位移云图进行分析，如图3-20所示。

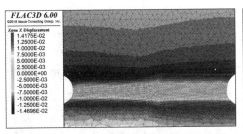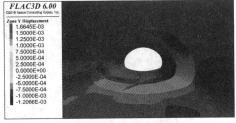

（a）17.45～20 m变截面段竖向位移云图　　　（b）17.45～20 m变截面段y方向
　　　　　　　　　　　　　　　　　　　　　　　　（开挖方向）位移云图

图3-20　17.45～20 m变截面段围岩位移云图

从图中可以看出，17.45～20 m变截面段围岩竖向位移云图与前述标准～17.45 m变截面段相似，围岩竖向沉降随着断面形状增大而增大，竖向围岩位移在纵向开挖方向上呈增长趋势，但通过前述特大断面的围岩位移结果可知，17.45 m加宽段与20 m加宽段的围岩位移差值较小（以变形最大的拱顶为例，二者相差不到1 mm），因而竖向围岩位移的变化趋势不及17.45～20 m变截面段明显。采用前述同样的方法绘制拱顶沉降沿开挖方向的变化规律，发现变截面的不利影响范围约为15 m。通过沿开挖方向的位移云图可以看出，渐变段的y方向的位移较为明显，分布规律与标准～17.45 m变截面段相似，主要分布拱顶与左侧拱肩（左右侧根据开挖方向判定），最大值可达到1.67 mm，略大于标准～17.45 m变截面段的1.11 mm。

2）围岩压力计算结果分析

根据数值计算结果，绘制围岩应力云图，最小主应力与最大主应力分别如图3-21、图3-22所示，并分别对两侧的围岩应力进行分析，隧道的左右侧是根据隧道开挖方向确定的。

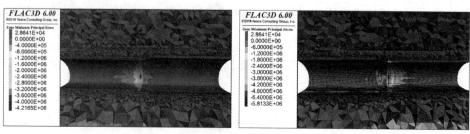

（a）隧道左侧围岩应力　　　　　　　　　（b）隧道右侧围岩应力

图3-21　变截面段隧道围岩最小主应力

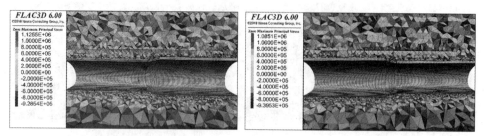

（a）隧道左侧围岩应力　　　　　　　　　（b）隧道右侧围岩应力

图3-22　变截面段隧道围岩最大主应力

从量值上看，渐变截面的围岩最小主应力普遍较小，不超过1 MPa。但在截面变化处的围岩受隧道断面形状的影响，存在应力集中现象，应力值可达到5.81 MPa，但分布区域相对较小，主要集中在截面变化起始位置前3 m范围内，与前述标准～17.45 m变截面段相同。与围岩最小主应力相似，变截面段的围岩最大主应力普遍较小，不超过500 kPa，但在变截面处的围岩最大主应力明显高于其余位置处，可达到1.26 MPa，超过围岩的抗拉强度，但分布区域较小，主要位于变截面的拱顶与仰拱处，因而变截面段附近区域的围岩存在受拉破坏风险。

3）初支应力计算结果分析

根据数值计算结果，分别对渐变截面隧道与突变截面隧道初期支护应力进行分析，如图3-23所示。

与标准～17.45 m变截面段相同，17.45～20 m变截面段的初期支护在截面变化处有明显的应力集中现象，同样位于变截面附近的两侧拱腰，与围岩应力集中位置相同，最小主应力值可达到12.13 MPa，位于截面变化位置处左侧，右侧虽然也有应力集中现象，但没有左侧明显，应力集中数值也相对较小，约为

9.76 MPa。由于初期支护左右侧最大主应力值较小，拱顶与仰拱处的最大主应力值较大，如图3-24所示。

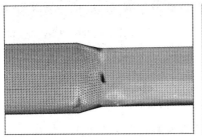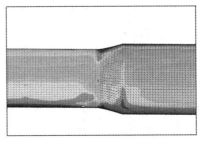

　　（a）隧道左侧初期支护应力　　　　　　（b）隧道右侧初期支护应力
图3-23　17.45～20 m变截面段渐变截面隧道初期支护最小主应力

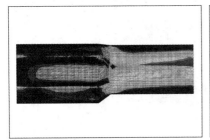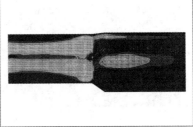

　　（a）隧道左侧初期支护应力　　　　　　（b）隧道右侧初期支护应力
图3-24　17.45～20 m变截面段渐变截面隧道初期支护最大主应力

　　整体而言，17.45～20 m变截面段初期支护最大主应力值不超过1 MPa，拱顶处的最大主应力最大，可达到2.37 MPa，仰拱处最大主应力值约为2 MPa，未超过初期支护抗拉强度，整体较为安全。同时通过最大主应力云图可以看出，与标准～17.45 m变截面段相似，17.45～20 m变截面段初期支护最大主应力受截面变化的影响相对较小，不存在明显的应力集中。为进一步分析初期支护应力的影响范围，选取最小主应力进行分析并沿隧道纵向选取不同断面，图3-25为变截面段的不同断面处初期支护的最小应力，并标出了突变截面的不同断面处初期支护的最小应力数值。

　　由图可知，渐变隧道的初期支护应力在变截面附近变化明显，在距离变截面3 m处时（1号断面），初期支护右拱腰处的最小主应力值最大，可达到9.79 MPa，与前述17.45 m加宽段所述相近。从1号断面开始，小断面段拱腰处的初期支护应力开始逐渐增大，至截面突变处（2号断面）时，初期支护最小主应力值增加至12.13 MPa，达到最大值，因而截面变化对17.45～20 m变截面段初期支护应力的影响范围为3 m，与前述标准～17.45 m变截面段相同。在渐变段结束位置（3号断面）处，初期支护右拱腰处的应力值最大可达到10.56 MPa，与前述20 m加宽段的10.43 MPa相近；随着断面形状的扩大，至4号断面（距离变截面15 m处），初期支护的应力值可达到10.64 MPa。因而，截面变化对大断面段（20 m加宽段）无明显影响，而对小断面段隧道（17.45 m加宽段）初期支护应力的影响是不利的。在靠近截变截面位置处的拱腰两侧存在应力集中，最小主应力值可达到12.13 MPa，约高于正常值24%，影响范围约为3 m。

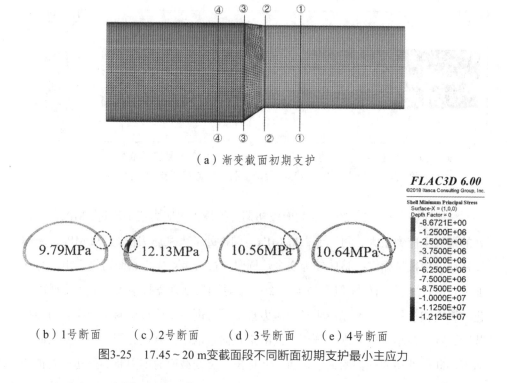

（a）渐变截面初期支护

（b）1号断面　　（c）2号断面　　（d）3号断面　　（e）4号断面

图3-25　17.45～20 m变截面段不同断面初期支护最小主应力

4）塑性区计算结果分析

根据数值计算结果并结合隧道断面形状，提取17.45～20 m变截面段渐变隧道不同断面下的塑性区结果，并根据渐变段位置选取3个断面分析塑性区变化规律，如图3-26所示。

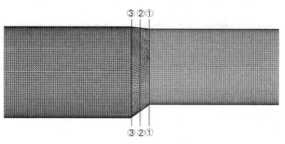

（a）塑性区断面位置

<table>
<tr><td>（b）1 号断面
（17.45 m 加宽段）</td><td>（c）2 号断面
（渐变段）</td><td>（d）3 号断面
（20 m 加宽段）</td></tr>
</table>

图3-26　17.45～20 m 变截面段渐变截面隧道塑性区分布

根据17.45～20 m 变截面段隧道塑性区分布结果可知，拱脚与拱肩处的围岩发生塑性破坏的面积相对较大，且塑性破坏以剪切破坏为主，塑性区分布区域与加宽段大致相同，主要分布在拱脚与拱肩处，整体以剪切破坏为主，且大断面段与小断面段处塑性区面积同前述17.45 m 加宽段和20 m 加宽段处的分布面积大致相同，过渡段的塑性区面积则介于二者之间。则17.45～20 m 变截面段对围岩塑性区分布无明显影响，过渡段的塑性区面积介于两种断面之间，塑性区分布规律与二者相同。

5）建筑位移分析

根据数值计算结果，分别对建筑桩基底部的竖向进行分析，稳定后的桩基沉降值如表3-5所示。

表 3-5　17.45～20 m 变截面段桩基底部沉降值　　　　单位：mm

项目	桩基底部 测点 1	桩基底部 测点 2	桩基底部 测点 3	桩基底部 测点 4	不均匀 沉降值
17.45～20 m 加宽段 渐变截面隧道	5.60	4.82	3.29	2.92	2.68

续表

项目	桩基底部 测点1	桩基底部 测点2	桩基底部 测点3	桩基底部 测点4	不均匀 沉降值
特大断面17.45 m 加宽段隧道	4.61	3.74	2.57	2.23	2.38
特大断面20 m 加宽段隧道	6.27	5.51	3.78	3.35	2.92

通过对比桩基底部沉降值，发现变截面段隧道的桩基底部沉降值介于前述两种隧道断面形状之间，且更接近20 m加宽段。从安全角度出发，则在考虑变截面隧道施工对地表建筑影响时，可按照其中开挖尺寸最大的隧道断面形状来考虑。

3. 20～25 m变截面段渐变开挖数值计算结果分析

1）围岩位移计算结果分析

选取20～25 m变截面段的数值计算结果，绘制围岩的竖向位移云图以及沿开挖方向的围岩位移云图，如图3-27所示。

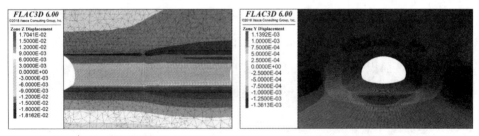

（a）20～25 m变截面段渐变截面　　　　（b）20～25 m变截面段y方向
竖向围岩位移云图　　　　　　　　（开挖方向）位移云图

图3-27　20～25 m变截面段围岩位移云图

根据竖向位移云图可以看出，竖向围岩位移在距离变截面段一定范围内便已开始受到隧道截面形状的影响。对于大断面段（20 m加宽段）而言，变截面会使其竖向围岩位移增大，影响较为不利；而对小断面段（17.45 m加宽段）而言，变截面会使其竖向围岩位移减小，影响较为有利。

　　通过开挖方向的位移云图可以看出，渐变段的拱顶及仰拱处的围岩有少量y方向位移，最大可达到1.14 mm。通过与前述变截面段对比，围岩y方向的位移没有随隧道断面形状的增大而增大，同时20～25 m变截面段左右侧的y方向位移的差异较小，这是由于20～25 m变截面段左右分布较为对称，再次说明渐变段围岩的y方向位移受渐变段形状影响较大。为确定截面变化对围岩位移的影响范围，选取位移变化最为明显的拱顶处的围岩位移进行分析，绘制拱顶沉降沿隧道纵向长度方向的变化，如图3-28所示。

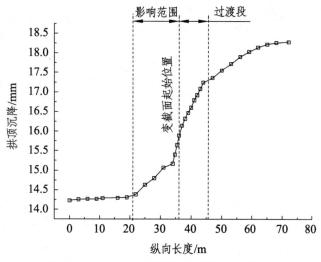

图3-28　20～25 m变截面段拱顶沉降变化曲线

　　从图中可以看出，20～25 m变截面段隧道的拱顶沉降整体呈上升趋势，拱顶沉降逐渐由20 m加宽段的14.23 m逐渐增长至25 m加宽段的18.28 mm，同时渐变段的拱顶沉降增长速率较大。根据拱顶沉降变化曲线可以确定过渡段的影响范围约为15 m，与前述变截面段相同。

　　2）围岩压力计算结果分析

　　20～25 m渐变段最小与最大围岩应力云图分别如图3-29、图3-30，由于隧道左右不对称，分别对两侧的围岩应力进行分析，其中隧道的左右侧是根据隧道开挖方向确定的。

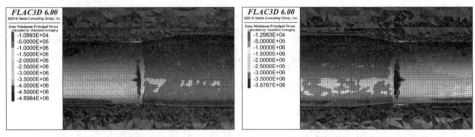

（a）隧道左侧围岩应力 （b）隧道右侧围岩应力

图3-29　20～25 m变截面段围岩最小主应力

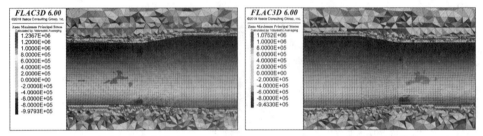

（a）隧道左侧围岩应力 （b）隧道右侧围岩应力

图3-30　20～25 m变截面段围岩最大主应力

　　与前述断面相同，20～25 m变截面段在渐变段处的围岩存在应力集中现象，主要位于渐变段起始位置附近区域的两侧拱腰处，影响范围约为3 m。最小应力值可达到4.70 MPa，小于17.45～20 m变截面段的应力值；最大主应力值可达到1.24 MPa，略大于围岩抗拉强度，主要集中在渐变段起始位置前3 m范围内，分布区域相对较小。因而在对于截面变化处施工时，应注意拱顶与仰拱处的围岩发生受拉破坏。整体而言，20～25 m变截面段在渐变段附近3 m范围内存在应力集中现象，两侧拱腰处的最小主应力可达到4.70 MPa，拱顶处的最大主应力可达到1.24 MPa。

　　3）初支应力计算结果分析

　　根据数值计算结果，分别对20～25 m变截面段初期支护最小主应力与最大主应力进行分析，如图3-31和图3-32所示。

　　通过初期支护最小主应力云图可以看出，20～25 m变截面段的初期支护同样存在应力集中现象，同样位于变截面附近的两侧拱腰，与前述围岩应力集中位置相同，左侧应力集中值较大，可达到13.40 MPa，右侧应力集中值相对较小，约为12.13 MPa，与前述变截面段相同。对于初期支护最大主应力而言，初期支护拱顶与仰拱处的应力值相对较大，最大可达到2.09 MPa，且最大主应力受渐变段的影响不明显。整体而言，初期支护最小主应力受渐变段的影响较为明显，为进一步分析初期支护应力的影响范围，选取最小主应力进行分析，并沿隧道纵向选取不同断面，如图3-33所示。

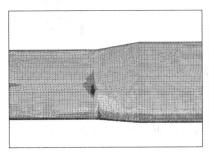

（a）20～25 m变截面段隧道左侧　　　（b）20～25 m变截面段隧道右侧
　　　　初期支护应力　　　　　　　　　　　　初期支护应力

图3-31　20～25 m变截面段初期支护最小主应力

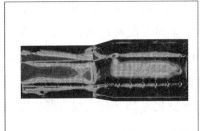

（a）20～25 m变截面段隧道拱顶　　　（b）20～25 m变截面段隧道仰拱
　　　　初期支护应力　　　　　　　　　　　　初期支护应力

图3-32　20～25 m变截面段初期支护最大主应力

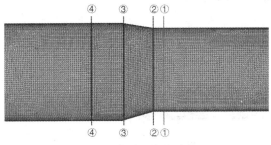

（a）渐变截面初期支护

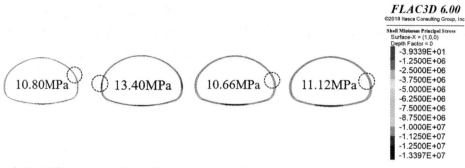

（b）1号断面　　　（c）2号断面　　　（d）3号断面　　　（e）4号断面

图3-33　20～25 m变截面段不同断面初期支护最小主应力

　　通过图中可以看出，在距离变截面3 m处（1号断面），初期支护最小主应力值可达到10.80 MPa，与前述20 m加宽段所述相近。从1号断面开始，小断面段（20 m加宽段）的初期支护应力开始逐渐增大，至渐变段起始位置处（2号断面），初期支护最小主应力值增加至最大，为13.40 MPa，因而截面变化对20～25 m变截面段初期支护应力的影响范围为3 m，与前述变截面段相同。在渐变段结束位置（3号断面）处，初期支护的应力值最大可达到10.66 MPa，与前述25 m加宽段的11.20 MPa较为接近。至4号断面（距离变截面15 m处），初期支护的应力值达到11.12 MPa。因而，对20～25 m变截面段初期支护的影响而言，其影响范围主要集中在渐变段起始位置处前3 m范围内，最小主应力值可达到13.40 MPa，约高于正常值28%，相比之下，截面变化对25 m加宽段及渐变段初期支护的应力影响不明显。

　　4）塑性区计算结果分析

　　提取20～25 m变截面段塑性区分布结果，同样根据渐变段位置选取3个监测断面，断面位置如图3-34所示。

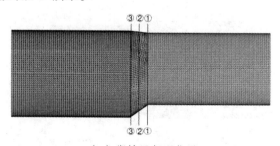

（a）塑性区断面位置

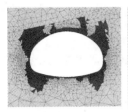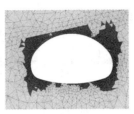

| （b）1 号断面 | （c）2 号断面 | （d）3 号断面 |
| （20 m 加宽段） | （渐变段） | （25 m 加宽段） |

图3-34　20～25 m变截面段塑性区分布

根据塑性区结果看出，变截面段的塑性区分布规律与加宽段相同，主要位于拱肩与拱脚处，与前述变截面段相同，渐变段区域的塑性区面积随断面形状的增大而增大，而在渐变段起始于结束位置处的塑性区面积与前述20 m加宽段、25 m加宽段的塑性区分布较为接近。整体而言，塑性区分布面积随断面形状的增大而增大，但渐变段没有改变塑性区的分布范围和面积。

5）建筑位移分析

根据数值计算结果，分别对建筑桩基底部的竖向进行分析，稳定后的桩基沉降值如表3-6所示。

表3-6　20～25 m 变截面段桩基底部沉降值　　　单位：mm

项目	桩基底部测点 1	桩基底部测点 2	桩基底部测点 3	桩基底部测点 4	不均匀沉降值
20～25 m 加宽段渐变截面隧道	7.42	5.50	3.92	3.72	3.70
特大断面 20 m 加宽段隧道	6.27	5.51	3.78	3.35	2.92
特大断面 25 m 加宽段隧道	8.95	8.18	5.49	4.63	4.32

从表中数据可以看出，20～25 m变截面段下建筑桩基底部沉降介于20 m加宽段与25 m加宽段之间，且未超过规范允许值。整体而言，桩基底部沉降值受渐变段的影响不明显。

3.3 本章小结

本章采用了模型试验以及数值模拟两种不同的研究方法对火凤山隧道变截面段支护结构力学特性及围岩位移等进行了研究，主要结论如下：

（1）通过模型试验的方式，观测到了变截面段隧道在截面变化起始位置处的围岩压力与钢拱架内力和第2章所述相同断面形式下的隧道有所区别，其拱腰处所受的围岩压力与钢拱架内力更大，存在应力集中现象，渐变段起始位置处的支护结构受截面变化的影响明显。而对于渐变段与渐变段结束位置处的支护结构而言，围岩压力与钢拱架内力分布较为均匀。

（2）通过数值模拟计算结果，总结3种变截面段下围岩位移结果规律发现，截面变化会增大小断面段的围岩位移，这种不利影响的范围约为15 m，3种变截面段下的影响范围相同。而对大断面段而言，截面变化会减小其围岩位移，影响较为有利。因而在渐变段隧道开挖过程中应加强小断面段处的围岩位移监测，以确保施工安全。

（3）由于截面形状的改变，各变截面段初期支护应力在截面变化起始区域均有不同程度的应力集中，应力值一般增加了24%～66%，应力集中位置主要位于拱腰处。3种变截面段下初期支护应力受截面变化的影响范围相近，约为3 m。因而建议在变截面段施工过程中，应注重对渐变段起始位置附近区域支护结构的受力状态。

（4）通过对比发现，渐变段对塑性区分布规律与塑性区面积和前述加宽段无明显差异，均主要分布在拱肩与拱脚处，且塑性区面积与开挖断面的形状相关。对于建筑桩基底部沉降而言，变截面段隧道开挖对其影响规律与前述加宽段相同，沉降值介于小断面段与大断面段对应的两种加宽段隧道的沉降值之间。

第4章 特大断面城市公路隧道加宽段和变截面段施工方法优化研究

本章在加宽段与变截面段研究的基础上，对特大断面变截面城市公路隧道施工方法进行了优化研究。着重分析了加宽段不同施工工法与施工工序对隧道支护结构力学特性与变形规律的影响，并根据比选后的施工工法与施工工序，提出了一种可加快加宽段施工进度的方法。根据前述变截面段的研究结果，提出采用突变开挖的方法进行施工，对变截面段的施工方法进行了优化。

4.1 特大断面城市公路隧道加宽段施工工法优化研究

4.1.1 加宽段施工工法数值计算工况

由于火凤山隧道开挖断面大并下穿城市建筑群，为避免隧道施工对周边环境产生较大影响，需选择合适的施工工法控制隧道变形。通过资料调研与已有的特大断面施工案例可以发现，特大断面隧道常采用双侧壁导坑法、CD法、CRD法等施工工法进行施工，该类施工工法的核心是将隧道断面分为多个部分进行开挖，同时各分部开挖后快速支护、及时封闭成环，具有施工安全性高、围岩位移小、对周边环境影响小等优点。同时由于特大断面隧道开挖面积大，与一般隧道采用双侧壁导坑等施工方法相比，不会有因导坑尺寸过小影响机械化施工、工序转换间相互干扰等问题。针对火凤山隧道加宽段隧道拟订的施工工法如表4-1所示。

其中工况10、工况11、工况16、工况19与前述特大断面的计算工况相同，标准段、17.45 m、20 m以及25 m加宽段的计算模型分别如图4-1～图4-4所示。

表 4-1　加宽段隧道施工工法

工况	断面形状	施工工法	研究内容
8	标准段	CD 法	标准段适宜开挖工法
9		CRD 法	
10		双侧壁导坑法	
11	17.45 m 加宽段	CD 法	17.45 m 加宽段适宜开挖工法
12		CRD 法	
13		双侧壁导坑法	
14	20 m 加宽段	CD 法	20 m 加宽段适宜开挖工法
15		CRD 法	
16		双侧壁导坑法	
17	25 m 加宽段	CD 法	25 m 加宽段适宜开挖工法
18		CRD 法	
19		双侧壁导坑法（九导坑）	

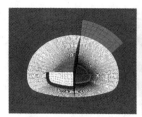 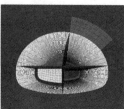 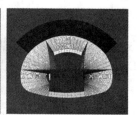

（a）CD法　　　　　　（b）CRD法　　　　　　（c）双侧壁导坑法

图4-1　标准段施工工法计算模型

（a）CD法　　　　　　（b）CRD法　　　　　　（c）双侧壁导坑法

图4-2　17.45 m加宽段施工工法计算模型

（a）CD法　　　　　　　（b）CRD法　　　　　　（c）双侧壁导坑法

图4-3　20 m加宽段施工工法计算模型

（a）CD法　　　　　　　（b）CRD法　　　　　　（c）双侧壁导坑法

图4-4　25 m加宽段施工工法计算模型

4.1.2　加宽段不同施工工法对比分析

根据前述数值计算分析结果，在对比不同施工工法时，着重选取围岩位移、初期支护最小应力以及塑性区分布进行对比分析。

1. 标准段施工工法对比分析

根据3种工法的数值计算结果，提取各监测点的围岩位移，如表4-2所示，表中所示的围岩位移根据各监测点x方向与z方向的位移计算得出。

表 4-2　不同施工工法下标准段围岩位移值　　　　　　单位：mm

施工工法	拱顶	左拱肩	右拱肩	左拱腰	右拱腰	左拱脚	右拱脚	仰拱	平均值
CD 法	9.74	7.30	6.64	3.24	3.92	6.71	3.65	9.69	6.36
CRD 法	9.38	6.96	6.39	2.59	3.52	6.40	3.35	8.69	5.91
双侧壁导坑法	8.84	5.81	6.12	2.10	2.09	3.55	2.91	7.06	4.81

通过表4-2可以看出，3种施工工法下的围岩位移从小到大依次为双侧壁导坑法、CD法、CRD法，与施工经验相符。通过取各监测点的围岩位移的平均值发现，CRD法下的围岩位移较CD法减少了7.09%，而双侧壁导坑法较CD法减少了24.34%，因而CRD法与CD法下的围岩位移较为接近。这是由于CRD法对隧道水平方向位移的改善较为有效，但加宽段的收敛变形不明显，所以CRD法的改善效果较为有限。结合位移允许值可知，3种施工工法下的围岩位移值均较为安全，均小于围岩位移的允许值。图4-5和图4-6分别为开挖过程中以及开挖结束后初期支护的最小主应力云图。

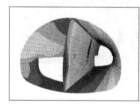 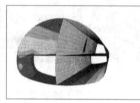  

（a）CD法　　　　　　　（b）CRD法　　　　　　（c）双侧壁导坑法

图4-5　开挖过程中标准段初期支护最小主应力云图

  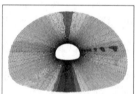

（a）CD法　　　　　　　（b）CRD法　　　　　　（c）双侧壁导坑法

图4-6　开挖后标准段初期支护最小主应力云图

根据初期支护应力云图可知，各工法下开挖过程中的竖撑所受的最小主应力相对较大，且在上导坑侧壁有明显的应力集中区域，这是由于导坑间有一定的错距，未开挖的导坑对临时支护有侧向压力作用，因而CD法、CRD法、双侧壁导坑法3种工况下的应力值可达到13.46 MPa、13.00 MPa、12.06 MPa。

结合图可知，隧道开挖后初期支护应力值较开挖过程中的应力有所减小，且3种工法下拱腰处初期支护应力值较大。通过对比可以看出，CD法与CRD法的临时支护应力分布更不均匀，右侧的初期支护应力明显大于左侧，结合开挖过程可知先开挖一侧的初期支护应力值更大，CD法下左右侧的应力差值可达到

2.27 MPa。3种工法的支护应力值存在一定差异，CD法、CRD法、双侧壁导坑法下的应力值可达到9.35 MPa、9.07 MPa、8.79 MPa，均未超出初期支护的抗压强度，均较为安全。为分析围岩不同工法开挖对围岩的扰动，提取开挖后塑性区的位移结果进行分析，如图4-7所示。

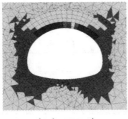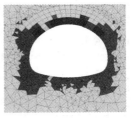

　　（a）CD法　　　　　　（b）CRD法　　　　　（c）双侧壁导坑法

图4-7　标准段开挖后塑性区分布

　　根据3种工法下的围岩塑性区分布可以看出，塑性区主要分布在两侧拱肩与拱脚处，且双侧壁导坑法的塑性区面积明显小于CD法、CRD法，进一步提取塑性区面积可以发现，CD法、CRD法、双侧壁导坑法3种工法下塑性区面积的比值为1∶0.95∶0.72。因而，双侧壁导坑法可以有效降低隧道开挖对围岩的扰动范围，同时CD法与CRD法对围岩的扰动范围相近。

　2. 17.45 m加宽段不同工法数值计算结果对比分析

　　汇总17.45 m加宽段各监测点开挖后的围岩位移，如表4-3所示。

表 4-3　不同施工工法下 17.45 m 加宽段围岩位移值　　　单位：mm

施工工法	拱顶	左拱肩	右拱肩	左拱腰	右拱腰	左拱脚	右拱脚	仰拱	平均值
CD 法	13.27	9.54	8.56	2.85	2.54	9.08	7.30	13.50	8.33
CRD 法	12.92	9.47	8.02	2.84	2.98	9.03	7.02	12.99	12.99
双侧壁导坑法	11.93	7.45	6.84	2.43	2.26	7.30	6.37	12.92	7.19

　　与标准段相同，3种工法下17.45 m加宽段围岩位移时程曲线的变化规律相同，CRD法与CD法下的围岩位移相差较小，围岩位移平均值间相差不超过

2.06%，而双侧壁法较CD法的改善较为明显，减少了约13.72%。结合隧道变形允许值发现，3种工法下的围岩位移均较为安全。根据数值计算结果绘制17.45 m加宽段各施工工法的桩基沉降，如表4-4所示。

表4-4　17.45 m加宽段下各施工工法的桩基沉降值　　　单位：mm

施工工法	桩基监测点1	桩基监测点2	桩基监测点3	桩基监测点4	不均匀沉降值
CD法	4.61	3.74	2.57	2.23	2.38
CRD法	3.92	3.03	2.17	1.82	2.10
双侧壁导坑法	3.72	2.99	2.05	1.79	1.93

从表中可以看出，桩基底部沉降的变化规律与围岩位移大致相同，且3种工法下的桩基底部沉降差异不大，CRD法下的各监测点以及不均匀沉降值较双侧壁导坑法增加了1.31%～8.81%，而CD法较双侧壁导坑法增加了23.31%～25.37%，但3种施工工法下的桩基底部沉降均未超过允许值20 mm，整体较为安全。

与标准段相同，17.45 m加宽段在开挖过程中竖撑局部有应力集中，且3种施工工法下出现应力集中的范围大致相同，CD法、CRD法、双侧壁导坑法下的应力值可达到13.25 MPa、12.80 MPa、12.75 MPa，说明增加临时支护可适当减低开挖过程中初期支护的最小主应力值。17.45 m加宽段开挖后的初期支护应力分布与标准段类似，CD法、CRD法、双侧壁导坑法下的应力值最大可达9.07 MPa、9.40 MPa、9.49 MPa，均未超过初期支护的抗压强度。汇总3种工法下的塑性区分布结果，如图4-8所示。

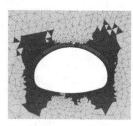  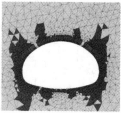

（a）CD法　　　　　（b）CRD法　　　　（c）双侧壁导坑法

图4-8　17.45 m加宽段开挖后塑性区分布

对于17.45 m加宽段而言，双侧壁导坑法的塑性区面积明显小于CD法、CRD法，CD法、CRD法、双侧壁导坑法3种工法下塑性区面积的比值为1∶0.91∶0.62，相比于标准段而言，在17.45 m加宽段下采用双侧壁导坑法更能凸显双侧壁导坑法减少对围岩扰动的优点。

3. 20 m加宽段不同施工工法数值计算结果对比

20 m加宽段3种工法下稳定后的围岩位移值如表4-5所示。

表 4-5 不同施工工法下 20 m 加宽段围岩位移值   单位：mm

施工工法	拱顶	左拱肩	右拱肩	左拱腰	右拱腰	左拱脚	右拱脚	仰拱	平均值
CD 法	16.87	12.72	11.27	7.36	6.28	7.32	8.73	15.17	10.72
CRD 法	16.27	11.63	10.84	6.63	5.66	6.90	8.55	14.71	10.15
双侧壁导坑法	14.63	10.80	9.89	5.25	4.28	5.23	5.42	12.67	8.52

通过对比可以看出，20 m加宽段下双侧壁导坑法的围岩位移最小，围岩位移平均值较CD法减少了20.47%，CRD法与CD法相差较小，不到5.28%。但需要注意的是CD法与CRD法下的拱顶沉降超过了20 m加宽段的隧道变形允许值15.23 mm，因而20 m加宽段不宜采用CD法或CRD法施工。根据数值计算结果绘制20 m加宽段各施工工法的桩基沉降，如表4-6所示。

表 4-6 20 m 加宽段下各施工工法的桩基沉降值   单位：mm

施工工法	桩基监测点 1	桩基监测点 2	桩基监测点 3	桩基监测点 4	不均匀沉降值
CD 法	7.13	5.88	5.69	3.60	3.53
CRD 法	6.92	5.71	4.14	3.47	3.45
双侧壁导坑法	6.27	5.51	3.78	3.35	2.92

从表中可以看出，CRD法下的各监测点以及不均匀沉降值较双侧壁导坑法增加了3.63%～18.15%，而CD法较双侧壁导坑法增加了6.72%～13.72%，增长幅度

小于围岩位移，同时3种工法下桩基底部沉降均未超过变形允许值20 mm。

由于20 m加宽段不同工法下的初期支护应力云图与前述断面相似，不再赘述。各工法在上部竖撑局部均有应力集中，但与前述断面不同时3种工法在数值上有较大差异，CD法、CRD法、双侧壁导坑法下的应力值可达到21.08 MPa、21.02 MPa、15.98 MPa，CD法与CRD法下初期支护应力超过了临时支护的抗压强度16.02 MPa，存在较大的施工风险，不宜采用。在隧道开挖后，初期支护应力有明显下降，CD法、CRD法、双侧壁导坑法下的应力值可达11.01 MPa、10.98 MPa、10.43 MPa，未超过初期支护抗压强度。提取开挖后塑性区的位移结果如图4-9所示。

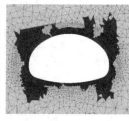

（a）CD法　　　　　　（b）CRD法　　　　　（c）双侧壁导坑法

图4-9　20 m加宽段开挖后塑性区分布

在20 m加宽段断面形状下，3种施工工法下的塑性区分布规律相同，CD法、CRD法、双侧壁导坑法3种施工工法下塑性区体积之比为1∶0.95∶0.79。相比于前两种断面，双侧壁导坑法对20 m加宽段围岩扰动范围的控制效果较为有限。

4. 25 m加宽段不同工法数值计算结果

汇总25 m加宽段不同施工工法下的稳定后的围岩位移值，如表4-7所示。

表 4-7　不同施工工法下 25 m 加宽段围岩位移值　　　　单位：mm

施工工法	拱顶	左拱肩	右拱肩	左拱腰	右拱腰	左拱脚	右拱脚	仰拱	平均值
CD 法	21.02	14.82	14.00	7.52	6.69	9.16	5.91	17.86	12.12
CRD 法	19.34	13.57	13.15	6.95	6.40	8.42	5.74	17.12	17.12
双侧壁导坑法	18.89	13.15	11.99	6.65	5.91	8.05	5.40	17.09	10.89

　　根据表中数据可知，25 m加宽段下双侧壁导坑法的围岩位移最小，围岩位移平均值较CD法减少了10.16%，说明在25 m加宽段下双侧壁导坑法的控制效果有限，CRD法与CD法相差较小，约为6.49%，与前述断面相近。但CD法与CRD法下的拱顶沉降超过了25 m加宽段的隧道变形允许值18.92 mm，因而25 m加宽段不宜采用CD法或CRD法施工。根据数值计算结果绘制20 m加宽段各施工工法的桩基沉降，如表4-8所示。

表 4-8　25 m 加宽段不同施工工法下桩基底部沉降值　　　　单位：mm

施工工法	桩基监测点 1	桩基监测点 2	桩基监测点 3	桩基监测点 4	不均匀沉降值
CD 法	10.26	8.63	6.20	5.39	4.87
CRD 法	9.57	8.35	5.78	4.97	4.60
双侧壁导坑法	8.95	8.18	5.49	4.63	4.32

　　对25 m加宽段而言，CRD法下的各监测点较双侧壁导坑法增加了2.08%～7.34%，而CD法较双侧壁导坑法增加了5.50%～16.41%，3种工法下虽大的桩基沉降为10.26 mm，均未超过桩基变形允许值。由于25 m加宽段断面较大，采用的临时支护与前述断面有所差异，初期支护应力分布也略有不同，图4-10、图4-11分别为开挖过程中以及开挖结束后初期支护的最小主应力云图。

　　与前述监测断面相同，各工法在上部竖撑有不同程度的应力集中，且CD法与CRD法下的应力集中现象更加明显，分布范围相对较大，CD法、CRD法、双侧壁导坑法下的应力值分别可达到17.82 MPa、17.22 MPa、14.98 MPa。因而CD法与CRD法超过了近临时支护的抗压强度16.02 MPa，25 m加宽段宜采用双侧壁

（a）CD法　　　　　（b）CRD法　　　　　（c）双侧壁导坑法

图4-10　25 m加宽段开挖过程中初期支护最小主应力云图

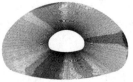

（a）CD法　　　　　（b）CRD法　　　　（c）双侧壁导坑法

图4-11　25 m加宽段开挖后初期支护最小主应力云图

导坑法进行施工。在隧道开挖后，CD法、CRD法、双侧壁导坑法下的应力值可达11.78 MPa、11.1 MPa、11.20 MPa，未超过初期支护抗压强度，但CD法与CRD法下初期支护左右侧的应力值有明显差异，差值可达到4.5 MPa，不利于支护结构整体受力。

提取开挖后塑性区的位移结果如图4-12所示。

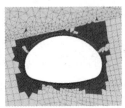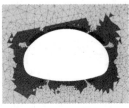

（a）CD法　　　　　（b）CRD法　　　　（c）双侧壁导坑法

图4-12　25 m加宽段开挖后塑性区分布

在25 m加宽段断面形状下，3种施工工法下的塑性区分布规律相同，相较于其他断面形状，塑性区分布范围更大，CD法、CRD法、双侧壁导坑法3种施工工法下塑性区面积比为1∶0.96∶0.94，3种工法下塑性区面积较为接近，因而双侧壁导坑法对25 m加宽段的围岩扰动范围控制效果较为有限。

4.1.3　加宽段合理施工工法

本节通过总结分析上述数值计算结果，分析各工法对不同断面形状的影响效果，并结合各断面形状的特点，提出特大断面隧道加宽段合理施工工法。

（1）对于标准段而言，3种工法下的围岩位移均未超过允许值，且开挖过程中及开挖后的支护结构应力均较为安全，从提高施工效率、降低施工成本的角度来看，标准段宜采用CD法施工。但在开挖过程中应注重临时支护的受力情况，避免因应力集中而产生开裂。由于采用CD法开挖会导致隧道左右侧支护结构受力不均匀，在隧道开挖后应对支护结构保持关注。

（2）结合数值计算结果，17.45 m加宽段建议采用CD法开挖，以减少施工工序、加快施工进度，在施工过程中注意事项同上。

（3）根据数值计算结果，当20 m加宽段采用CD法和CRD法施工时，拱顶沉降值分别为16.87 mm、16.27 mm，超过了拱顶沉降允许值13.31 mm。且在隧道开挖过程中，CD法、CRD法的初期支护应力值可达到21.08 MPa、21.02 MPa，超出了临时支护的抗压强度16.02 MPa。因而建议20 m加宽段采用双侧壁导坑法施工，但在开挖过程中同样应当注意临时支护的应力状态，且由于开挖断面形状过大，双侧壁导坑法对围岩的扰动范围控制效果有限，在断面开挖前应做好相应的预加固措施。

（4）与20 m加宽段相同，25 m加宽段由于围岩位移、开挖过程中支护结构应力集中，建议采用较为安全的双侧壁导坑法进行施工。

4.2　特大断面城市公路隧道加宽段施工工序优化研究

4.2.1　加宽段施工工序数值计算工况

由于不同开挖工序会对隧道支护结构受力及变形产生影响，特别是对开挖过程中支护结构的受力及隧道周围土体的影响存在一定的差异，因而有必要针对施工工序进行探究[93]。本节对工序的探究是在前述施工工法研究成果基础上开展的，原施工方案是采用先开挖一侧导洞后，再开挖另一侧导洞的施工顺序，而优化后的施工工序则是采用左右交互开挖的方式进行施工，各工况如表4-9所示。

表 4-9　加宽段工序优化工况

工况	断面形状	开挖工序	研究内容
20	标准段	与原施工方案相同	标准段施工工序
21		如图 4-13 所示	
22	17.45 m 加宽段	与原施工方案相同	17.45 m 加宽段施工工序
23		如图 4-13 所示	

续表

工况	断面形状	开挖工序	研究内容
24	20 m 加宽段	与原施工方案相同	20 m 加宽段施工工序
25		如图 4-13 所示	
26	25 m 加宽段	与原施工方案相同	25 m 加宽段施工工序
27		如图 4-13 所示	

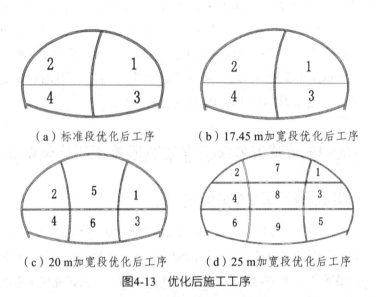

（a）标准段优化后工序　　　　（b）17.45 m加宽段优化后工序

（c）20 m加宽段优化后工序　　　（d）25 m加宽段优化后工序

图4-13　优化后施工工序

在探究施工工序的影响时，着重分析围岩位移、初期支护应力以及塑性区进行分析。

4.2.2　加宽段施工工序优化前后对比分析

标准段与17.45 m加宽段采用CD法施工，20 m与25 m加宽段采用双侧壁导坑法施工，将施工工序优化结果分为两类，分别进行研究分析。

1. 标准段与17.45 m加宽段施工工序对比分析

标准段与17.45 m加宽段优化前后的围岩位移值如表4-10所示。

表4-10　标准段与17.45 m加宽段工序优化后围岩位移对比　单位：mm

断面形状		拱顶	左拱肩	右拱肩	左拱腰	右拱腰	左拱脚	右拱脚	仰拱
标准段	优化前	9.74	7.30	6.64	3.24	3.92	6.71	3.65	9.69
	优化后	9.71	7.46	7.30	2.17	4.89	7.29	5.21	10.33
17.45 m 加宽段	优化前	13.27	9.54	8.56	2.85	2.54	9.08	7.30	13.50
	优化后	13.28	10.30	9.77	3.52	3.10	9.66	8.31	13.56

通过两种加宽段施工工序优化前后围岩位移对比发现，优化后的围岩位移略小于优化前的围岩位移，施工工序对围岩位移的影响相对有限。两种断面形状下，优化前后的围岩位移最大不超过1.21 mm。由于标准段与17.45 m加宽段在施工工序优化前后的初期支护应力相近，此处选取两标准段的开挖过程中的初期支护应力云图进行分析，如图4-14所示。

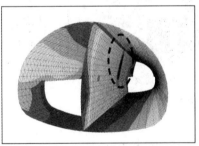 

（a）优化前初期支护应力　　　　（b）优化后初期支护应力
图4-14　标准段不同施工工序开挖过程中初期支护最小应力

通过云图可以看出，优化前后初期支护在开挖过程中存在不同程度的应力集中现象，但应力集中出现的位置略有差异。如图4-15所示，优化前应力集中位置出现在远离掌子面的位置，而优化后应力集中则出现在距离掌子面较近的位置，且应力集中的区域有所减小，这与左上未开挖导坑与已开挖导坑间的错距有关。同时，优化施工工序后，应力集中数值也有所改善，标准段的应力值从13.46 MPa下降至9.62 MPa，17.45 m加宽段的应力值从13.25 MPa下降至7.42 MPa。所以优化后的开挖工序、施工工序对标准段与17.45 m加宽段的施工较为有利。

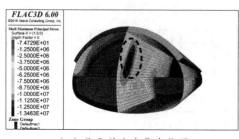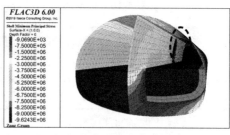

（a）优化前应力集中位置　　　　　　（b）优化后应力集中位置

图4-15　标准段工序优化前后应力集中的位置

同样以标准段为例，对施工序优化前后的初期支护的云图如图4-16所示。

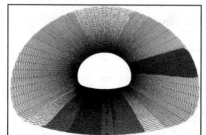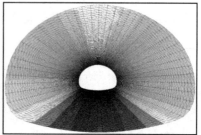

（a）优化前初期支护应力　　　　　　（b）优化后初期支护应力

图4-16　标准段不同施工工序开挖后初期支护最小应力

整体而言，施工工序优化前后初期支护的应力分布无明显差异，但对支护结构应力有明显的改善，对于标准段而言，优化后的初期支护应力值为6.64 MPa，明显小于原施工工序的9.62 MPa，17.45 m加宽段下的初期支护应力从13.25 MPa下降至7.42 MPa，左右侧应力分布不均的现象也有所改善。整体而言，采用合理的施工工序开挖，可有效降低初期支护的应力，有时其改善效果较施工工法的改善效果更为明显。同样以标准段为例，提取施工工序优化前后的塑性区分布，如图4-17所示。

对比施工工序优化前后的塑性区分布发现，两种工况下塑性区分布规律与面积大致相同，标准段优化前后的塑性区面积之比为1∶1.04，而17.45 m加宽段下的面积之比为1∶1.02，则说明施工工序的优化对塑性区无明显影响。

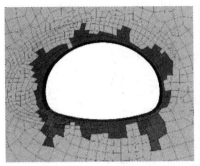 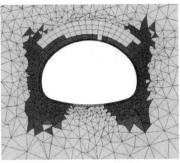

（a）优化前塑性区分布　　　　　　（b）优化后塑性区分布

图4-17　标准段不同施工工序开挖后塑性区分布

2. 20 m与25 m加宽段施工工序对比分析

汇总20 m与25 m加宽段优化前后的围岩位移如表4-11所示。

表 4-11　20 m 与 25 m 加宽段工序优化后围岩位移对比　　　单位：mm

断面形状		拱顶	左拱肩	右拱肩	左拱腰	右拱腰	左拱脚	右拱脚	仰拱
20 m 加宽段	优化前	14.63	10.80	9.89	5.25	4.28	5.23	5.42	14.62
	优化后	14.06	9.69	9.19	4.58	3.77	3.46	4.36	13.95
25 m 加宽段	优化前	18.89	13.15	11.99	6.65	5.91	5.40	8.05	17.09
	优化后	17.58	11.98	11.22	5.20	4.35	4.45	7.84	15.93

通过对比围岩位移结果发现，两种断面形状的施工工序下优化后的围岩位移结果略小于优化前的围岩位移结果，但改善幅度较为有限，优化前后的差值普遍不超过1 mm。再次说明施工工序对围岩位移的改善不明显。采用相同的方法分别对20 m加宽段、25 m加宽段开挖过程中的初期支护应力进行比较，如图4-18、图4-19所示。

施工工序优化后的初期支护在开挖过程中应力同样存在应力集中现象，范围和区域大致相同，应力集中现象有所改善但改变幅度较小。对20 m加宽段而言，应力集中值从15.98 MPa下降至15.50 MPa；对25 m加宽段而言，应力集中值从16.64 MPa下降至15.29 MPa。通过分析开挖后的初期支护应力结果，施工工序优化后的初期支护应力有所减小，20 m加宽段的初期支护应力值从10.87 MPa减小至10.43 MPa，25 m加宽段的初期支护应力值从11.20 MPa减小至10.68 MPa。整体而言，优化后的施工工序能够改善20 m加宽段与25 m加宽段初期支护的受力情况，降低应力值，但改善幅度不如标准段、17.45 m加宽段明显。

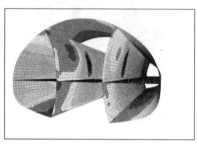

（a）优化前初期支护应力　　　　（b）优化后初期支护应力

图4-18　20 m加宽段不同施工工序开挖过程中初期支护最小主应力

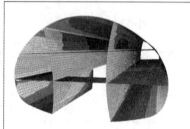

（a）优化前初期支护应力　　　　（b）优化后初期支护应力

图4-19　25 m加宽段不同施工工序开挖过程中初期支护最小主应力

由于20 m与25 m特大断面下塑性区受施工工序的影响规律相近，此处以20 m加宽段为例，施工工序优化前后的塑性区面积如图4-20所示。

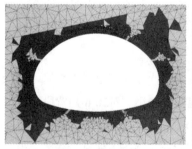
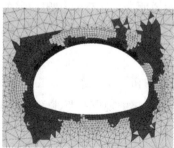

（a）优化前塑性区分布　　　　（b）优化后塑性区分布

图4-20　20 m加宽段不同施工工序开挖后塑性区分布

　　对比施工工序优化前后的塑性区分布发现，两种工况下塑性区分布规律与面积大致相同，20 m加宽段在优化前后塑性区面积之比为1∶0.97，25 m加宽段在优化前后塑性区面积之比为1∶0.90，说明优化后围岩塑性区面积略有减少，但改善程度较为有限。

4.2.3　加宽段合理施工工序

　　本节通过总结分析数值计算结果，分析不同施工工序对各断面形状的影响效果，并结合各断面形状所采用的施工工法，提出合理的施工工序。

　　（1）对于采用CD法施工的标准段与17.45 m加宽段而言，优化后的施工工序对围岩位移与塑性区的控制效果较为有限，但能有效改善开挖过程中初期支护应力的应力集中现象、降低应力值、且应力集中分布的位置有所差异。同时，通过优化施工工序能够减少支护结构左右侧应力分布不均匀程度，改善隧道开挖后支护结构的受力状态。因而，标准段与17.45 m加宽段宜采用优化后的施工工序开挖。

　　（2）由于20 m加宽段与25 m加宽段采用双侧壁导坑法施工，优化后的施工工序对隧道的影响较标准段与17.45 m加宽段略有不同。通过采用左右交互开挖的施工工序，20 m加宽段与25 m加宽段的围岩位移与支护结构应力均有所减小，同时对围岩的扰动也有所下降，但改善效果不及CD法明显。整体而言，优化后的施工工序对20 m加宽段与25 m加宽段隧道开挖较为有利，建议采用优化后的施工工序进行施工。

4.3　特大断面城市隧道加宽段预留中导坑核心土工法研究

　　本节通过数值模拟对隧道加宽段预留中导坑和不预留中导坑两种开挖方式进行了对比，通过分析隧道变形、支护受力和地表沉降结果，为预留核心土带来的隧道稳定性效应进行了量化分析。

4.3.1　开挖方案

　　非对称双侧壁预留核心土法是在双侧壁导坑法的基础上进行改进的一种工法，适应于隧道断面复杂、围岩等级较差等情况。在重庆火凤山隧道的加宽段与分岔段交界处是隧道开挖中容易出现围岩大变形、拱顶掉块甚至塌方等工程事故的重点关注地段，如图4-21所示。为了保证施工安全性，在常规双侧壁工法的基础上通过保留隧道中部预留核心土的方法来控制围岩变形是分岔隧道施工中比较好的方法之一。

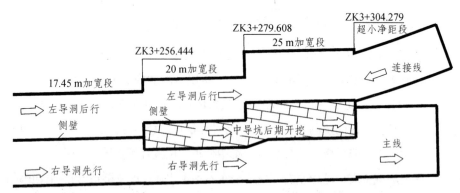

图4-21　预留核心土施工顺序示意图

左线隧道20 m加宽段长23.2 m，25 m加宽段长24.6 m，图中箭头方向为隧道掘进方向，分岔加宽段左线隧道的右导坑为先行导坑，左导坑为后行导坑。先行导坑一直向前掘进直至完成主线隧道超小净距段（分岔后沿主线前进方向约18.5 m范围内）开挖，后行导坑完成25 m加宽段开挖后停止施工，待与连接线贯通。如图4-22所示，隧道20 m加宽段和25 m加宽段内的中导坑核心土暂不开挖，待17.45 m加宽段、超小净距影响范围内的主线及连接线二衬完成后再进行后期施工，其间20 m和25 m加宽段内的临时侧壁待后期施工再进行拆除。

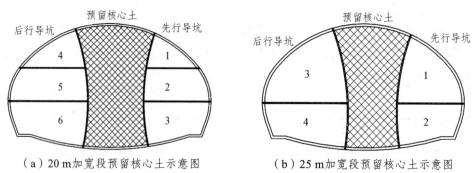

（a）20 m加宽段预留核心土示意图　　　（b）25 m加宽段预留核心土示意图

图4-22　隧道加宽段中导坑预留核心土示意图

由于火凤山隧道在分岔段之前需要经多次加宽后才分为连接线隧道与主线隧道,在保证隧道安全施工的前提下,提前将加宽段隧道与后续连接线、主线隧道贯通可大幅增加施工效率、加快施工进度,便于施工工序转换、人员材料的运输。预留核心土方法充分利用隧道中岩墙的承载性,在保证施工安全的同时提高了施工效率,能够加快与分岔段汇合的时间,以达到快速施工的目的。

4.3.2　预留核心土施工方法数值计算工况

通过加宽段预留中导坑核心土与不预留核心土工法计算对比,对保留核心土对隧道加宽段施工安全稳定性综合效应进行评价,计算整体模型如图4-23所示,计算参数与前述计算一致,工况如表4-12所示。

保留核心土　　　　　　　　　　　　不保留核心土

（a）非对称双侧壁预留核心土法　　　　　　（b）常规非对称双侧壁法

图4-23　计算整体模型

表 4-12　计算工况

工况编号	开挖方法	是否预留核心土	开挖进尺	初期支护	二次衬砌
1	双侧壁导坑法	是	0.6 m	C25 喷混凝土 + 钢拱架	钢筋网 +C35 混凝土
2	双侧壁导坑法	否	0.6 m	C25 喷混凝土 + 钢拱架	钢筋网 +C35 混凝土

4.3.3　监测点布置

监测点布置主要分为隧道洞身位移监测和地表沉降监测。

1. 隧道洞身位移监测

在进行双侧壁导坑法和双侧壁预留核心土法两种工法的对比计算时，监测点主要布置于20 m加宽段和25 m加宽段的中部位置，每个加宽段布置一个监测断面，监测断面对称布置位移监测点，总数为8个，分别为拱顶、左右拱肩、左右拱腰、左右拱脚、仰拱，如图4-24和图4-25所示。计算中记录每一次开挖步时隧道各监测点的x、y和z三个方向上的位移变化值。

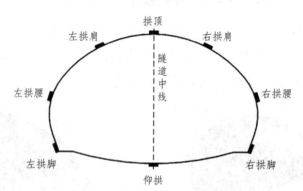

图4-24　隧道位移监测点布置图

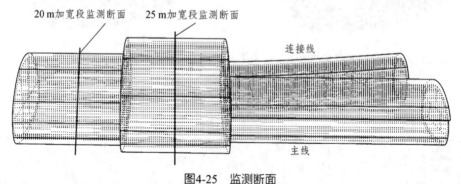

图4-25　监测断面

2. 地表沉降监测

对隧道上方的地表沉降进行监测时，以隧道上方偏离竖向45°范围内为监测对象，每间隔5 m布置1个监测点，总共布置30个地表监测点，记录开挖过程中地表的沉降量，如图4-26所示。

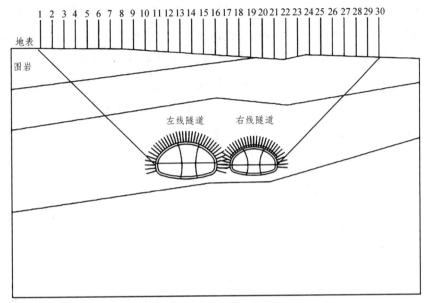

图4-26 地表监测点布置图

4.3.4 预留核心土工法数值计算结果及分析

本节通过对比预留中部核心土和不预留核心土两种开挖工法下隧道围岩变形规律、支护受力特性和地表不均匀沉降情况分析不开挖双侧壁中部核心土对分岔段特大断面隧道安全性的增益量。

1. 围岩变形对比分析

本小节分别提取20 m加宽段和25 m加宽段隧道中部围岩受开挖影响的变形值，综合对比不同开挖跨度下特大断面隧道的水平位移和竖向位移变化情况。在FLAC3D计算软件中位移的正值代表向右、向上的变形，位移的负值代表向左、向下的变形。

1）不预留中部核心土

提取非对称双侧壁工法不预留核心土开挖下20 m和25 m加宽段隧道的水平和竖向位移变化曲线图，如图4-27所示，该工法下双侧壁中部的核心土开挖。

从加宽段隧道开挖过程中水平位移来看，20 m加宽段隧道中部左拱肩的变形值为1.02 mm，右拱肩变形值为 − 2.00 mm，说明开挖后隧道上部有向内部净空收敛趋势，而左拱腰和右拱腰处的变形值分别为 − 2.20 mm和1.07 mm，说明隧道由于受拱顶较大围岩荷载作用而出现挤压变形，隧道中部有向外侧变形趋势。除拱肩和拱腰外，拱顶、拱脚和拱底处的水平位移变形量较小，均在1.00 mm以下。相对于20 m加宽段的隧道变形量，25 m加宽段隧道的水平位移值较小，左拱肩最终变形值为1.53 mm，右拱肩最终变形值为−1.87 mm，左拱腰最终变形值为0.37 mm，右拱腰最终变形值为−0.72 mm，说明25 m加宽段隧道水平位移受开挖的影响规律与20 m加宽段相似但变化值较小。

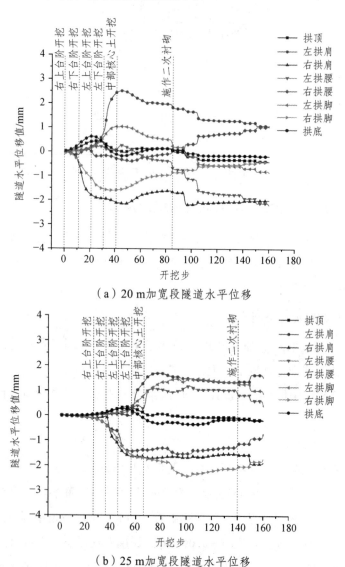

（a）20 m加宽段隧道水平位移

（b）25 m加宽段隧道水平位移

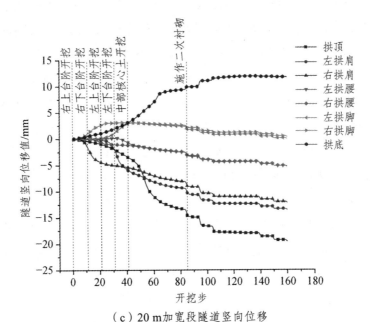

（c）20 m加宽段隧道竖向位移

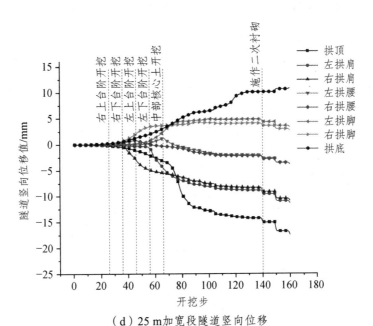

（d）25 m加宽段隧道竖向位移

图4-27 不预留核心土隧道变形曲线时程图

从隧道竖向变形曲线图可知，隧道竖向位移值较水平位移值变化明显，其中20 m加宽段隧道中部拱顶和拱肩处的位移变形值较大，拱顶变形值为－19.56 mm，左拱肩变形值为－13.54 mm，右拱肩变形值为－12.18 mm，左拱腰和右拱腰最终变形值分别为－5.31 mm和－5.28 mm，隧道左、右两侧竖向变形分布较为对称。隧道拱底最终变形值为11.69 mm，呈向上隆起趋势，拱脚处竖向变形较小可以忽略不计。25 m加宽段隧道竖向变形值较20 m加宽段小一些，拱顶竖向变形值为－17.49 mm，左拱肩竖向变形值为－11.36 mm，右拱肩竖向变形值为－10.89 mm，左、右拱腰竖向变形值分别为－3.87 mm和－3.83 mm，拱底竖向最终变形值为10.82 mm。

从隧道整体变形情况来看，隧道上部变形有向内部净空收敛趋势，拱顶处沉降变形最大，可达2.0 cm左右，隧道中部受拱顶和拱底的围岩荷载挤压作用，有朝外侧变形的趋势，拱底处变形呈向上隆起，变形量约为1.0 cm。

2）预留中部核心土

提取非对称双侧壁预留核心土法开挖下20 m和25 m加宽段隧道的水平和竖向位移变化曲线图，如图4-28所示，该工法下双侧壁中部的核心土不开挖。

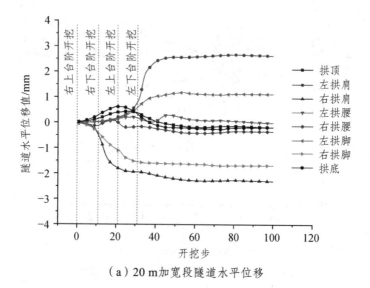

（a）20 m加宽段隧道水平位移

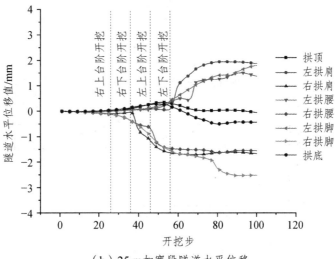

（b）25 m加宽段隧道水平位移

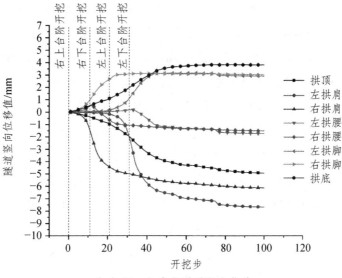

（c）20 m加宽段隧道竖向位移

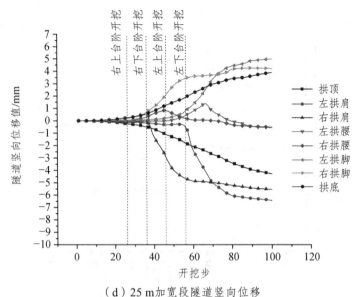

（d）25 m加宽段隧道竖向位移

图4-28　预留核心土隧道变形曲线时程图

从加宽段隧道开挖过程中水平位移来看，20 m加宽段隧道中部左拱肩的变形值为2.62 mm，右拱肩变形值为－2.29 mm，左拱脚和右拱脚处的变形值分别为1.12 mm和－1.68 mm，说明开挖后隧道上部和下部均有向内部净空收敛趋势，而拱腰处水平位移变化值很小，在0.50 mm以下，可以忽略不计。25 m加宽段隧道上部水平位移变化值较20 m加宽段小，其中左拱肩最终变形值为1.87 mm，右拱肩最终变形值为－1.67 mm，而左拱腰最终变形值为1.37 mm，右拱腰最终变形值为－1.56 mm，左、右拱脚处水平位移值分别为1.79 mm和－2.52 mm，说明25 m加宽段隧道的中下部水平位移变化较20 m加宽段变形量大。

从隧道竖向变形曲线图可知，隧道竖向位移值较水平位移值变化明显，其中20 m加宽段隧道中部拱顶和拱肩处的位移变形值较大，拱顶变形值为－4.95 mm，左拱肩变形值为－7.69 mm，右拱肩变形值为－6.15 mm，左拱腰和右拱腰最终变形值分别为－1.75 mm和－1.53 mm，左、右拱脚水平位移值分别为2.88 mm和2.98 mm，隧道左、右两侧竖向变形分布较为对称。隧道拱底最终变形值为3.79 mm，呈向上隆起趋势。25 m加宽段隧道竖向变形值较20 m加宽段小一些，拱顶竖向变形值为－4.27 mm，左拱肩竖向变形值为－6.43 mm，右拱肩竖向变形

值为 - 5.54 mm，左、右拱脚竖向变形值分别为4.96 mm和4.21 mm，拱底竖向最终变形值为3.87 mm，拱腰处竖向变形很小，可以忽略不计。

从隧道整体变形情况来看，隧道上部和下部变形有向内部净空收敛趋势，拱顶处沉降变形最大，可达4 mm左右，隧道中部变形量较小，预留核心土与不预留核心土相比，拱顶沉降值减小了75%，说明预留核心土对隧道变形控制效果好。

2.　支护受力对比分析

本节分析左线隧道20 m加宽段和25 m加宽段处的初期支护受力云图，综合对比预留核心土与不预留核心土工法下隧道初期支护受力情况。主应力指的是物体内某一点的微面积元上剪应力为零时的法向应力，应力值规定正值受拉，负值受压。

1）不预留中部核心土

提取不预留核心土的双侧壁开挖工法下20 m和25 m加宽段的隧道初期支护最大主应力云图和最小主应力云图，分别如图4-29和图4-30所示。

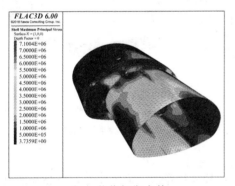

（a）整体初期支护　　　　　　　　（b）左侧初期支护

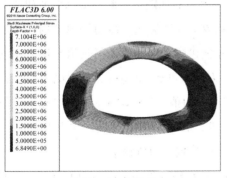
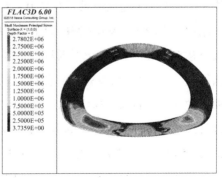

（c）20 m加宽段　　　　　　　　（d）25 m加宽段

图4-29　不预留核心土加宽段初期支护最大主应力云图（单位：Pa）

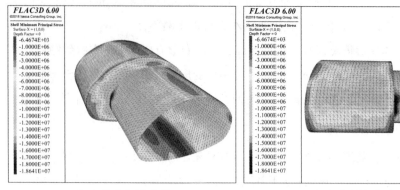

（a）整体初期支护　　　　　　　　　　（b）左侧初期支护

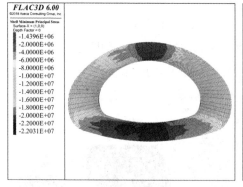

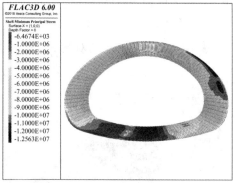

（c）20 m加宽段　　　　　　　　　　　（d）25 m加宽段

图4-30　不预留核心土加宽段初期支护最小主应力云图（单位：Pa）

　　从初期支护的最大主应力图可以看出：20 m加宽段隧道整体受力较25 m加宽段大，且20 m加宽段隧道左右受力不对称，靠近右线隧道一侧隧道拱腰处初期支护结构受力较小，在0.1 MPa以下。忽略边界效应的影响，隧道拱顶结构受力最大可达5.4 MPa，且分布范围较广，隧道左侧拱腰处结构受力沿隧道开挖方向逐渐增大，靠近20 m和25 m加宽段交界处受力最大可达2.5 MPa，同时隧道底部初期支护应力分布与拱顶应力分布规律相似，应力值为3.8 MPa左右。25 m加宽段隧道结构受力较为对称，隧道拱底最大主应力值为1.8 MPa，左、右拱脚处应力值为2.5 MPa，拱顶处应力值为1.5 MPa，其余位置应力值较小。

　　从初期支护的最小主应力图可以看出：隧道结构最小主应力均为负值，说明隧道受压力作用范围广，且受力大。20 m加宽段隧道拱底应力值为－1.5 MPa，拱

顶应力值为 - 3.6 MPa，左、右拱腰处受压力作用最明显，最大可达 - 11.0 MPa。25 m 加宽段隧道拱底应力值为 - 0.3 MPa 左右，拱顶处应力值为 - 3.5 MPa 左右，拱腰处应力值为 - 6.0 MPa 左右，在隧道右拱肩侧靠近 20 m 与 25 m 加宽段交界处出现较大应力集中现象。

2）预留中部核心土

提取预留核心土的双侧壁开挖工法下 20 m 和 25 m 加宽段的隧道初期支护最大主应力云图和最小主应力云图，分别如图 4-31 和图 4-32 所示。由于双侧壁中部核心土未开挖，所以隧道与核心土相接触的部分没有施作支护结构，为了方便分析，图中除了结构应力云图外也显示了核心土。

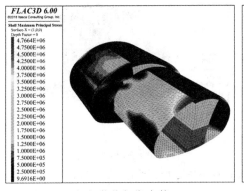

（a）整体初期支护　　　　　　　　　　　（b）左侧初期支护

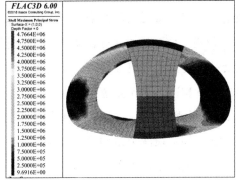

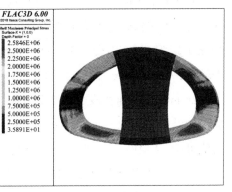

（c）20 m 加宽段　　　　　　　　　　　（d）25 m 加宽段

图4-31　预留核心土加宽段初期支护最大主应力云图（单位：Pa）

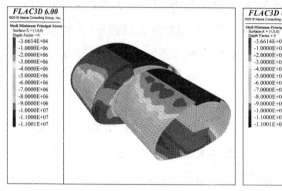
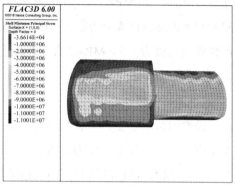

（a）整体初期支护　　　　　　　　　　（b）左侧初期支护

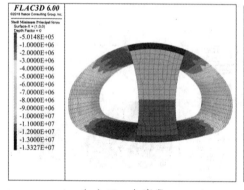
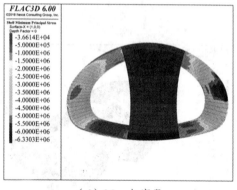

（c）20 m加宽段　　　　　　　　　　（d）25 m加宽段

图4-32　预留核心土加宽段初期支护最小主应力云图（单位：Pa）

从初期支护的最大主应力图可以看出：预留核心土工法下隧道初支结构受力分布与不预留核心土工法下类似，20 m加宽段隧道整体受力较25 m加宽段大，且20 m加宽段隧道左右受力不对称，靠近右线隧道一侧隧道拱腰处初期支护结构受力较小，在0.1 MPa以下。隧道左侧拱腰处结构受力沿隧道开挖方向逐渐增大，靠近20 m和25 m加宽段交界处受力最大可达1.5 MPa。由于隧道初期支护没有形成封闭结构，所以左、右侧初期支护受力有较大的差异，左侧拱肩和拱脚处应力值可达2.4 MPa，右侧支护受力则较小。25 m加宽段隧道结构受力较为对称，左、右拱脚处应力值为2.5 MPa，隧道上部靠近核心土位置支护结构应力值最大为1.4 MPa，其余位置应力值较小。

从初期支护的最小主应力图可以看出：隧道结构最小主应力均为负值，说明隧道受压力作用范围广，且受力大。20 m加宽段隧道左、右拱腰处最小主应力值为 − 5.8 MPa左右，隧道上部受压较底部更明显，顶部与核心土相接触部分结构应力值在 − 2.0 MPa左右，分布较均匀。25 m加宽段隧道底部右侧受力较大，为 − 1.6 MPa，左侧受力较小，隧道顶部左右两侧结构受力分布较为均匀，为 − 1.7 MPa，左右拱腰处结构应力值在 − 5.2 MPa左右，分布范围较广。

3．地表沉降对比分析

分别选取两种工法下的地表监测点的位移值变化值进行对比研究，其中在FLAC3D中位移的正值代表向上的变形，位移的负值代表向下的变形。

1）不预留中部核心土

提取非对称双侧壁不预留核心土工法开挖下隧道20 m加宽段与25 m加宽段交界处上部地表测点的竖向位移变化曲线图，如图4-33所示，该工法下双侧壁中部的核心土开挖。

由于计算时采用了对围岩施加径向反力的方法进行开挖应力释放的模拟，在施作二衬时需要释放70%的节点反力，故曲线图中出现了测点沉降值短时间内剧增的现象。

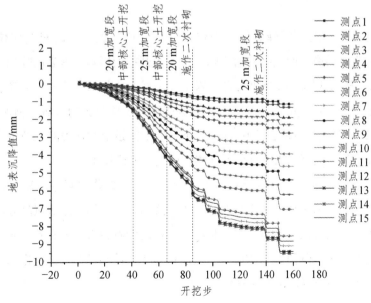

（a）隧道左侧地表监测点沉降曲线图

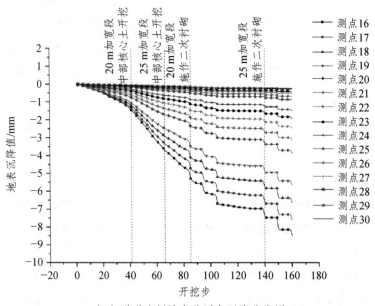

（b）隧道右侧地表监测点沉降曲线图

图4-33 不预留核心土地表沉降曲线图

从图可知，地表沉降总体呈现位于左线隧道拱顶上方的测点14位移值最大，远离地表14测点两侧位移值不断减小。受开挖的影响，地表沉降最大值可达9.53 mm，从曲线图分布规律来看，测点11～测点17范围内的地表沉降值较大，故左线隧道中心线两侧横向30 m范围内为受开挖影响最大的区域，测点1～测点5和测点22～测点30沉降值均在3 mm以下，说明隧道上方地表85 m范围内均在左线隧道开挖的影响范围内，该范围外侧的地表沉降值较小。

在隧道施工过程中，由于右洞为先行洞，已经施作二衬趋于稳定，所以后行洞的地表沉降值明显大于先行洞的地表沉降值，两主洞在地表沉降方面并不对称。地表沉降受隧道上台阶和中部核心土开挖的影响较大，变化趋势明显，核心土开挖前的地表沉降值约为核心土开挖后的地表沉降值的23%，施作二衬前的地表沉降一般占总沉降的60%～65%。

2）预留中部核心土

提取非对称双侧壁预留核心土工法开挖下隧道20 m加宽段与25 m加宽段交界处上部地表测点的竖向位移变化曲线图，如图4-34所示，该工法下双侧壁中部的核心土不开挖。

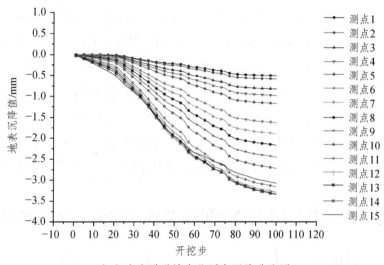

（a）左线隧道地表监测点沉降曲线图

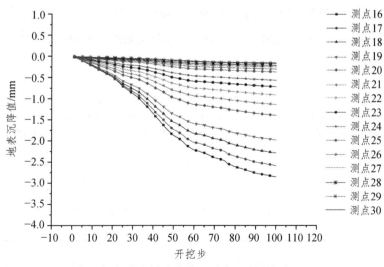

（b）右线隧道地表监测点沉降曲线图

图4-34　预留核心土地表沉降曲线图

由于该工法下核心土未开挖，所以隧道没有施作二次衬砌，喷射混凝土和锚杆是隧道的主要支护结构，图中曲线变化趋势由沉降不断增大而最终趋于稳定。

从图可知，由于该工法没有对中部核心土进行开挖，故隧道上方地表沉降值均较小，测点13的最终沉降值最大，为3.34 mm，位于左线隧道中心线上方位置处。除了测点11至测点15外，其余测点沉降值均在3 mm以下，左侧最小沉降值为0.50 mm（测点1），右侧最小沉降值为0.15 mm（测点30）。测点1~测点5，测点20~测点30位置的沉降值受开挖的影响较小，故预留核心土工法下，左线隧道上方地表75 m范围内为受开挖的影响范围，相比开挖核心土工法的影响范围较小。

对比预留核心土和不预留核心土工法下受开挖影响沉降值较大的测点11~测点17，可以发现核心土开挖后该范围内的地表沉降值为7.59~9.53 mm，而预留核心土只开挖双侧壁两侧土时相同范围内的地表沉降值为2.58~3.34 mm，占前者的33%~35%，说明核心土开挖会对地表沉降造成2.8~3.0倍的增大效应。

4.4 特大断面城市公路隧道变截面段施工方法优化研究

根据原设计施工方案，变截面段采用渐变开挖的方式进行施工，但在实际施工过程中渐变开挖难以实现，一方面渐变段隧道断面形式复杂，开挖轮廓不便于确定，另一方面渐变段的异性钢拱架的制作和拼接存在一定难度。各渐变段下的施工参数如表4-13所示。表中各过渡段异型钢拱架间距均为0.6 m，与加宽段的钢拱架间距相同。

表 4-13 渐变段施工参数

截面突变位置	异型钢拱架数量 / 个	渐变段长度 /m
标准段 ~ 17.45 m	10	6.60
17.45 ~ 20 m	8	5.40
20 ~ 25 m	15	9.60

鉴于渐变段施工过程中存在的诸多困难，本节提出突变开挖的方式对变截面段隧道进行施工，以标准~17.45 m变截面段为例，突变开挖方式如图4-35所示。

采用突变开挖可降低施工难度，提高了施工效率。

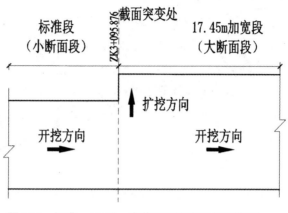

图4-35　标准～17.45 m变截面段突变开挖示意图

4.4.1　变截面段施工方法数值计算工况

为对比渐变扩挖与突变扩挖之间的差异，本节结合第3章变截面段数值计算结果进行分析，探究不同开挖方式对隧道支护结构及围岩位移等方面的影响，在现场监测和模型试验的基础上，采用数值模拟的方法对变截段的隧道支护结构及变形规律进一步分析。结合现场实际施工，拟订的数值模拟计算工况与地表建筑情况，如表4-14所示。

表 4-14　变截面城市公路隧道计算工况

工况	断面形状	开挖方式
28	标准～17.45 m 变截面段	渐变开挖
29		突变开挖
30	17.45～20 m 变截面段	渐变开挖
31		突变开挖
32	20～25 m 变截面段	渐变开挖
33		突变开挖

3种变截面段的突变开挖模型分别如图4-36、图4-37、图4-38所示。

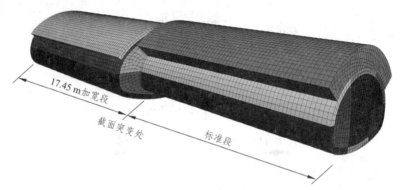

图4-36 标准～17.45 m变截面段优化后的数值计算模型

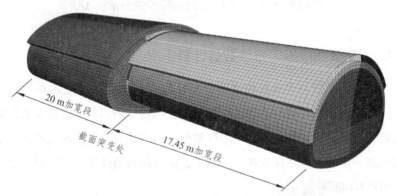

图4-37 17.45～20 m变截面段优化后的数值计算模型

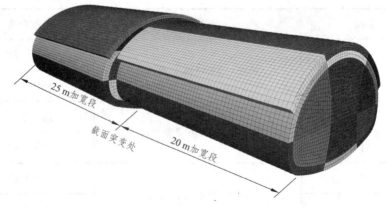

图4-38 20～25 m变截面段优化后的数值计算模型

4.4.2　变截面段施工方法数值计算对比分析

根据前述数值计算结果，在对比变截面段施工方法优化前后的数值计算结果时，选取围岩位移、初期支护应力以及塑性区分布，探究不同施工方法对变截面的影响。

1. 标准~17.45 m变截面段优化前后数值计算结果分析

1）围岩位移计算结果分析

根据标准~17.45 m变截面段优化前后的数值计算结果选取竖向围岩位移云图和y方向（开挖方向）的围岩位移云图进行分析，分别如图4-39和图4-40所示。

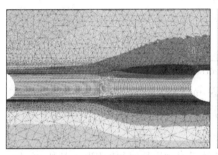

（a）优化前围岩位移云图　　　　　　　（b）优化后围岩位移云图

图4-39　标准~17.45 m变截面段优化前后竖向围岩位移云图

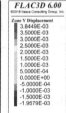

（a）优化前围岩位移云图　　　　　　　（b）优化后围岩位移云图

图4-40　标准~17.45 m变截面段渐变优化前后沿开挖方向位移云图

从竖向位移云图中可以看出，优化前后的围岩位移整体变化趋势相同，竖向位移沿隧道开挖方向变化规律明显。从开挖方向的围岩位移云图可以看出，优化后的变截面隧道在截面突变处的围岩有明显的y方向位移，主要集中分布在左侧拱腰区域，可达到3.84 mm，大于优化前的1.11 mm。为确定截面变化的影响范围与两种变截面隧道的区别，选取位移变化最为明显的拱顶处的围岩位移进行分析，绘制拱顶沉降沿隧道纵向长度方向的变化，如图4-41所示。

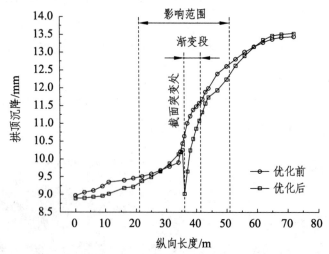

图4-41　标准～17.45 m变截面段拱顶沉降变化规律

从图中可以看出，优化前后的拱顶沉降整体趋势相同且量值相近，从中可以看出，两种开挖方式下，截面变化对围岩位移的不利影响范围相同，均为15 m，但优化后的变截面段在截面突变处由于断面形状和支护参数的改变，拱顶沉降值有明显突变，突变值约为1.23 mm。整体而言，优化前后的变截面段开挖方法对围岩位移影响较为接近，虽然优化后的拱顶沉降在截面突变处存在突变，但突变值较小。

2）初支应力计算结果分析

根据数值计算结果，对优化后初期支护应力进行分析，如图4-42所示。

优化后的初期支护在截面突变处的拱腰处存在应力集中现象，且左侧应力较右侧更明显，左侧应力集中范围约为5 m，左侧应力集中值达到了19.93 MPa，超过了初期支护的抗压强度19.77 MPa，右侧应力集中相对较小，约为13.48 MPa。通过初期支护最大主应力计算结果可知，优化后的最大主应力值与优化前相近，约为2 MPa，未超过初期支护抗拉强度，且分布规律相同，拱顶与仰拱处的最大主应力较大。整体而言，采用优化后的开挖方法施工对初期支护的影响较为不利，且超过了抗压强度，存在施工风险。

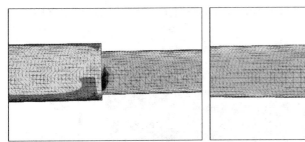
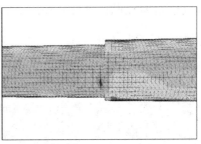

（a）左侧初期支护应力　　　　　　　（b）右侧初期支护应力

图4-42　标准～17.45 m变截面段优化后初期支护最小主应力

3）塑性区计算结果分析

参照前述优化前的塑性区断面位置，选取不同断面绘制优化后的塑性区分布，如图4-43所示。

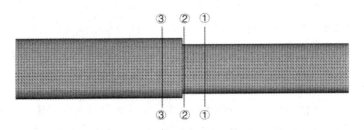

（a）塑性区断面位置

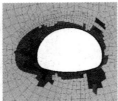

（b）1号断面　　　　　　（c）2号断面　　　　　　（d）3号断面
（标准段）　　　　　　（截面突变处）　　　　（17.45 m加宽段）

图4-43　标准～17.45 m变截面段不同断面塑性区分布

通过对比优化前的塑性区分布可知，优化后1号断面与2号断面的塑性区分布与优化前的塑性区分布无明显差别，但优化后2号断面（截面突变处）的塑性区较优化前有明显区别，优化后由于采用突变扩挖的方式进行施工，在截面突变位置处开挖对围岩的扰动范围更大。为进一步分析优化前后对塑性区分布面积的影响，选取隧道开挖方向的断面进行分析，如图4-44所示，图中白色为隧道轮廓。

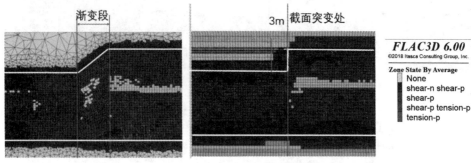

（a）优化前塑性区分布　　　　（b）优化后塑性区分布

图4-44　优化前后塑性区分布对比

通过图可以看出，在大断面段与小断面段塑性区的范围大致相同，主要分布在隧道周边1.8 m范围内。在变截面位置处，优化后的塑性区范围略大于优化前的塑性区面积，约为3 m，但整体而言，优化前后的塑性区分布规律及范围大致相同。

2．17.45～20 m变截面段与20～25 m变截面段数值计算结果分析

1）围岩位移结果分析

采用同样的方法对优化后的17.45～20 m变截面段计算结果进行分析，选取典型的竖向围岩位移与开挖方向围岩位移进行分析，如图4-45所示。

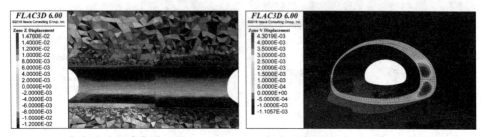

（a）竖向围岩位移云图　　　　（b）开挖方向（y方向）围岩位移云图

图4-45　17.45～20 m变截面段渐变截面围岩位移云图

由于17.45 m加宽段与20 m加宽段的围岩位移相差较小，以拱顶沉降为例，两种断面形状约相差1 mm，所以围岩位移受变截面位置的影响不明显，则优化前后对围岩竖向位移较为相近。通过分析y方向（开挖方向），发现优化后的y方向位移可达到4.30 mm，大于优化前的1.67 mm，但位移值相对较小。

对于优化后的 20～25 m 变截面段的围岩位移而言，其变化规律与前述 17.45～20 m 变截面段相似。两种断面的围岩位移相差较为明显，则围岩位移受截面形状的影响也较为明显，选取优化前后的拱顶沉降绘制其沿纵向长度方向的变化规律，如图 4-46 所示。

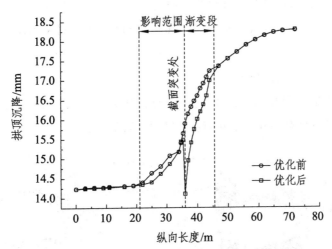

图4-46　20～25 m 变截面段渐变截面围岩位移云图

通过对比发现，优化后的拱顶沉降在截面突变位置处的突变值可达到 1.28 mm，突变值相对较小，同时优化前后对围岩位移的影响范围相同，约为 15 m，与标准～17.45 m 变截面段相同。

2）初期支护计算结果分析

选取优化后的初期支护最小主应力进行分析，如图 4-47 所示。

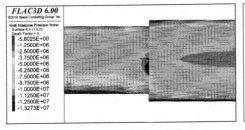
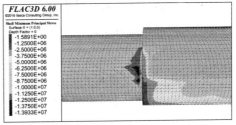

（a）17.45～20 m 变截面段优化后　　　　（b）20～25 m 变截面段优化后

图4-47　变截面段初期支护最小主应力

通过云图可知，优化后两种变截面段的初期支护在截面突变处存在应力集中，影响范围约为5 m。17.45～20 m变截面段应力集中值可达到13.27 MPa，略大于优化前的应力值12.13 MPa，但未超过17.45 m加宽段初期支护抗压强度17.96 MPa。20～25 m变截面段应力集中值可达到15.16 MPa，大于优化前的应力值13.04 MPa，但未超过20 m加宽段初期支护抗压强度22.01 MPa。根据初期支护应力值可知，17.45～20 m变截面段与20～25 m变截面段可采用优化后的开挖方法进行施工。

3）塑性区计算结果分析

与前述变截面段相同，17.45～20 m变截面段与20～25 m变截面段在截面突变位置处的塑性区分布和其余断面有所区别，如图4-48所示。

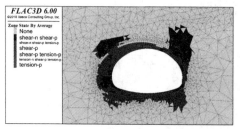
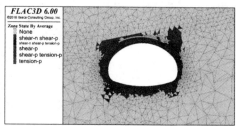

（a）17.45～20 m变截面段突变处塑性区分布　（b）20～25 m变截面段突变处塑性区分布

图4-48　变截面段突变处塑性区分布

与标准段～17.45 m加宽段类似，17.45～20 m变截面段与20～25 m变截面段在截面突变处的塑性区分布较大，分布形状与大断面段形状大致相同，说明优化后的开挖方法会增大截面突变处的塑性区面积，对围岩的扰动范围更大。

4）建筑位移分析

根据数值计算结果，分别对两种变截面段下建筑桩基底部的沉降进行分析。稳定后的桩基沉降值如表4-15所示。

表4-15　桩基底部沉降值　　　　单位：mm

位置	桩基底部点1	桩基底部点2	桩基底部点3	桩基底部点4	不均匀沉降值
17.45～20 m变截面段渐优化前	5.60	4.82	3.29	2.92	2.68

位置	桩基底部点 1	桩基底部点 2	桩基底部点 3	桩基底部点 4	不均匀沉降值
17.45 ～ 20 m 变截面段渐优化后	5.62	4.83	3.30	2.89	2.73
20 ～ 25 m 变截面段渐优化前	7.42	5.50	3.92	3.22	4.40
20 ～ 25 m 变截面段渐优化后	7.41	5.62	4.37	3.55	3.86

两种变截面段在优化后的桩底底部沉降值与不均匀沉降值不超过允许值，较为安全。通过对比优化前后的桩基底部沉降值，发现优化前后对变截面段下的桩基沉降影响较小，桩基沉降相差不到10%。

4.4.3　变截面段合理施工方法

本节提出变截面段采用突变开挖的方法进行施工，从而提高施工效率，并通过数值模拟的方法对优化前后的围岩位移及初期支护应力等进行分析，提出适宜变截面段的施工方法。

对于标准 ～ 17.45 m变截面段而言，由于优化后的施工方法会导致初期支护应力值超过其抗压强度，不利于隧道施工，因而建议采用优化前的施工方法开挖。

对于17.45 ～ 20 m变截面段与20 ～ 25 m变截面段而言，建议采用优化后的施工方法开挖，其围岩位移、初期支护应力均未超过允许值。但在开挖过程中应注意以下几个方面：围岩位移在变截面位置处存在突变，虽然突变值较小，但在开挖过程中也应注意支护结构因变形不均匀而发生开裂，同时还应注意截面突变处的围岩沿y方向（开挖方向）的围岩位移，避免该处支护结构因围岩位移较大而开裂；优化后的初期支护在截面突变处附近5 m范围的应力较大，应注重该处支护结构受力情况，必要时可进行适当加强；通过对比方发现，变截面段优化后的施工方法在截面突变处对围岩的扰动范围较大。

4.5 本章小结

本章分别针对加宽段与变截面段的施工方法进行了探究，提出适宜加宽段的施工工序、施工工法，并基于研究结果提出特大断面隧道段的保留中导坑施工方法。本章还针对变截面段渐变施工困难的问题进行了优化，提出了突变扩挖的施工方法，并通过数值模拟对各变截面段的施工方法进行了优化，主要结论如下：

（1）对于标准段与17.45 m加宽段而言，采用施工工序更简便的CD法为宜，且CD法能够满足围岩位移及支护结构应力要求。对于20 m加宽段与25 m加宽段而言，为满足隧道允许变形值以及支护结构应力要求，建议采用双侧壁导坑法进行施工。

（2）基于上述加宽段适宜施工工法，通过对比不同施工工序的影响，建议各断面宜采用左右交互开挖的方式进行施工。优化后的施工工序对围岩位移与塑性区的改善较为有限，但能够有效降低隧道开挖过程中的支护应力值，改善临时支护的应力集中情况，并且开挖后支护结构的应力值也有所降低。

（3）本章以加快施工进度、尽早与分岔段贯通为出发点，提出20 m加宽段与25 m加宽段保留中导坑的施工方法。并通过数值模拟对开挖后不施作二次衬砌的隧道断面进行分析，通过围岩位移、初期支护应力以及地表沉降可知，预留核心土与不预留核心土相比，拱顶沉降值减小了75%，说明预留核心土对隧道变形控制效果好。由于分岔段隧道断面大、变化多样、开挖工序复杂，在隧道加宽段采用保留中导坑工法可以有效利用中部核心土的支撑作用从而减小隧道变形和支护受力，待分岔后隧道开挖稳定后再进行后期施工，大大提高了施工安全性。

（4）通过对比优化前后的变截面段施工方法，由于截面突变处的初期支护应力值超过抗压强度，建议标准～17.45 m变截面段采用原设计中的渐变段开挖方法进行施工。而17.45～20 m变截面段与20～25 m变截面段宜采用突变开挖的方式进行施工，以提高施工效率。整体而言，采用突变开挖的方式对隧道支护结构受力及围岩位移是不利的，但根据数值计算结果其不利影响相对较小，是一种安全的、可提高施工效率的变截面段开挖方法。但在采取突变开挖方法时，应当注意截面突变区域5 m范围内的支护结构受力状态，必要时可通过加强支护参数确保施工安全，同时在开挖过程中还应注意截面突变处支护结构因围岩位移突变而发生开裂的问题。

参考文献

[1] 解明礼，巨能攀，刘蕴琨，等. 崩塌滑坡地质灾害风险排序方法研究[J]. 水文地质工程地质，2021，48（5）：184-192.

[2] 付晓强，俞缙. 隧道爆破信号交叉项抑制及雷管延期时间研究[J]. 中国安全科学学报，2021，31（12）：53-61.

[3] 文建军. 襄渝线襄达段路基病害分布特征及主要控制因素探讨[J]. 西安工程学院学报，1997（S1）：86-89.

[4] 刘旭东. 特大跨度隧道Ⅳ级围岩施工方法研究[J]. 市政技术，2021，39（8）：60-66，180.

[5] 刘天琦，冯现大，何家智. 公路隧道改扩建方案比选及施工工法数值模拟[J/OL]. 济南大学学报（自然科学版），1-6[2024-06-01]. https://doi.org/10.13349/j.cnki.jdxbn.20240507.001.

[6] 殷明伦，张晋勋，江玉生，等. 超大断面隧道工法转换过渡段最优长度[J]. 科学技术与工程，2021，21（3）：1163-1168.

[7] 张晓荣. 特大断面小间距公路隧道边仰坡监测分析研究[J]. 公路交通科技（应用技术版），2018，14（1）：219-221.

[8] 陈莹，林从谋，黄金山，等. 特大断面浅埋偏压隧道CRD工法下围岩位移变形规律[J]. 郑州轻工业学院学报（自然科学版），2013，28（1）：76-79.

[9] 袁浩庭，陈超，李琼，等. 城市地下道路分（合）流匝道通风阻力特性[J]. 隧道建设（中英文），2017，37（11）：1409-1416.

[10] 李小刚，周先齐，杨杭澎，等. 大跨度小净距隧道中夹岩爆破振动控制与损伤判别[J]. 隧道建设（中英文），2022，42（3）：406-413.

[11] 张文涛，马科. 开敞式TBM施工过程质量控制技术研究[J]. 中国勘察设计，2018（6）：101-103.

[12] 柯磊，李红，刘坤，等. 软土-基岩条件下地铁车站施工间歇期的结构变形监测与分析[J]. 岩土工程技术，2023，37（5）：567-573.

[13] 程崇国，郭军，胡居义. 大型地下车站洞室结构设计施工技术[J]. 现代隧道技术，2012，49（1）：111-118.

[14] 张刚，王少华. 高喷防渗墙在西藏金桥水电站厂房改线公路中的应用[J]. 大坝与安全，2021（6）：68-71.

[15] 曾婷，翟海峰. EPC模式下大型水电工程智慧工地建设管理创新探索与实践[J/OL]. 水利水电快报，1-8[2024-06-01]. http://kns.cnki.net/kcms/detail/42.1142.TV.20240228.1451.002.html.

[16] 王敏，陈文昭，赵铁拴，等. 高地应力下双江口地下厂房围岩破坏特征及影响因素分析[J]. 南华大学学报（自然科学版），2024，38（1）：31-37，45.

[17] 薛慎骁. 特大断面公路隧道结构受力特性及稳定性分析研究[D]. 西安：长安大学，2014.

[18] 旷文涛. 超前预加固大断面隧道围岩稳定性影响因素研究[D]. 成都：西南交通大学，2010.

[19] 沈跃辉. 特大跨度断面双侧壁导坑法施工导坑划分优化分析[J]. 市政技术，2022，40（2）：68-73.

[20] 李松涛，谭忠盛，杜文涛. 特大断面小净距公路隧道力学效应分析[J]. 土木工程学报，2017，50（S2）：292-296.

[21] 任少强，谭忠盛，张德华. 碎屑流地层大断面铁路隧道施工技术研究[J]. 土木工程学报，2015，48（S1）：368-372.

[22] 刘鹏，宋曙光，周昆，等. 柔性测量技术在特大断面隧道试验中的应用[J]. 山东建筑大学学报，2018，33（6）：75-78.

[23] 郑康成，丁文其，金威，等. 特大断面隧道分步施工动态压力拱分析研究[J]. 岩土工程学报，2015，37（S1）：72-77.

[24] 谈新洋，高文学，李竟艳，等. NUMERICAL SIMULATION AND MONITORING ANALYSIS OF VARIABLE CROSS-SECTION SUBWAY TUNNEL[C]//《工业建筑》编委会，工业建筑杂志社有限公司. 《工业建筑》2018年全国学术年会论文集（中册）. 北京工业大学；北京市政路桥股份有限公司，2018：6.

[25] 何琼. 变截面交岔隧道开挖与支护衬砌力学行为研究[D]. 成都：西华大学，2012.

[26] 龙秀堂，罗宁宁，申玉生. 大跨度变截面隧道施工监测设计与信息反馈[J]. 河南科技，2020（4）：93-96.

[27] 关宝树. 漫谈矿山法隧道技术第九讲：隧道开挖和支护的方法[J]. 隧道建设，2016，36（7）：771-781.

[28] 夏才初，龚建伍，唐颖，等. 大断面小净距公路隧道现场监测分析研究[J]. 岩石力学与工程学报，2007（1）：44-50.

[29] 黄伦海，钱七虎. 公路隧道大断面改扩建施工开挖方案研究[J]. 现代隧道技术，2016，53（5）：145-153，160.

[30] 万明富，辽宁省沈大高速公路韩家岭隧道修筑技术研究. 辽宁省交通勘测设计院，2005-12-10.

[31] 刘鹏，许梦国，程爱平，等. 基于特大断面隧道断层破碎带支护方法优化研究[J]. 施工技术，2019，48（5）：101-104，134.

[32] 任仕国. 白云岩地层特大断面铁路隧道工法比选[J]. 中国安全科学学报，2019，29（S2）：69-76.

[33] 刘鹏，许梦国，程爱平，等. 基于特大断面隧道断层破碎带支护方法优化研究[J]. 施工技术，2019，48（5）：101-104，134.

[34] 梁波，杨仕恒，任兆丹，等. 断层破碎带特大断面公路隧道抗减震技术研究[J]. 现代隧道技术，2020，57（5）：136-142.

[35] 罗江，陈柱，杨建超，等. 特大断面隧道软弱钙质板岩大变形处治研究[J]. 公路交通科技，2021，38（4）：84-91.

[36] 贾家银，庞博，周世均，等. 特大断面隧道照明设计参数优化研究：以重庆海天堡城市隧道为例[J]. 隧道建设（中英文），2022，42（S2）：51-58.

[37] 吴发展. 特大断面隧道矩形竖井滑模衬砌技术[J]. 青海交通科技，2023，35（1）：122-128.

[38] 胡振宇，封坤，郭文琦，等. 内部结构不同施作时机对特大断面盾构隧道管片衬砌受力的影响研究[J]. 现代隧道技术，2023，60（3）：90-101.

[39] 李建军，石建勋，王兵. 特大断面隧道部分直CD导坑法施工技术探讨[J]. 红水河，2023，42（5）：127-132.

[40] 吴松华，李林，任关良，等. 特大断面浅埋破碎围岩隧道开挖工法比选研究[J]. 地下空间与工程学报，2023，19（S2）：794-803.

[41] 杜军. 活动断层位错作用下隧道概率地震风险分析[D]. 成都：西南交通大学，2021.

[42] 刘学增，林亮伦，王煦霖，等. 柔性连接隧道在正断层黏滑错动下的变形特征[J]. 岩石力学与工程学报，2013，32（S2）：3545-3551.

[43] 谷笑旭. 特大断面城市公路隧道支护结构力学特性与施工方法研究[D]. 成都：西南交通大学，2021.

[44] 田古生. 软岩公路隧道加宽带变截面施工力学行为研究[D]. 兰州：兰州交通大学，2018.

[45] 洪军. 全风化花岗岩地层超大变断面隧道拱墙衬砌施工关键技术研究[J]. 路基工程，2018（4）：212-216.

[46] 于勇. 营盘路湘江隧道水下浅埋大跨段隧道施工工法研究[J]. 隧道建设，2013，33（10）：874-882.

[47] 练志勇. 突变大断面地铁隧道施工力学行为及地表沉降研究[D]. 成都：西南交通大学，2009.

[48] 练志勇，漆泰岳，李海胜. 并行双线突变大断面地铁隧道施工三维数值分析[J]. 广东公路交通，2008（4）：34-37.

[49] 王汉鹏，李术才，张强勇. 分岔隧道模型试验与数值模拟超载安全度研究[J]. 岩土力学，2008（9）：2521-2526.

[50] 张富鹏，雷胜友，杨瑞，等. 超小净距分岔式隧道施工方法数值模拟研究[J]. 中国科技论文，2019，14（2）：157-163，209.

[51] 胡云鹏. 大跨段不对称侧壁导洞横通道全断面快速施工环境效应[J]. 内江科技，2020，41（5）：25，142.

[52] 胡云鹏. 大跨度小净距分岔隧道双向施工关键技术研究[J]. 铁道建筑技术，2018（12）：77-80.

[53] 闫自海，章立峰，路军富，等. 城市地下立交隧道交叉口施工方法研究[J]. 现代隧道技术，2019，56（1）：176-184.

[54] 刘家澍，凌同华，张胜，等. 分岔隧道连拱段施工数值模拟分析及其方案优化[J]. 中外公路，2016，36（5）：186-190.

[55] 凌同华，刘家澍，邓杰夫，等. 不同开挖方案下浅埋分岔隧道施工数值模拟[J]. 交通科学与工程，2015，31（3）：78-84.